LES
COLONNES D'HERCULE.

OUVRAGES D'ERNEST CAPENDU.

Les Mystificateurs................. 1 vol. 1 fr.
Les Colonnes d'Hercule.......... 1 vol. 1 fr.

ERNEST CAPENDU.

LES
COLONNES D'HERCULE

PARIS
ALEXANDRE CADOT, ÉDITEUR,
37, RUE SERPENTE, 37.

1860

1

Un carrosse espagnol.

Le 9 août 1850, vers onze heures du matin, je quittais Oran, me dirigeant vers Mers-el-Kébir où la corvette à vapeur de l'État, le Lavoisier, était en rade, se disposant à prendre la mer.

Oran, le lecteur le sait sans doute, est situé au fond d'un golfe profond et n'a cependant, à proprement parler, point de port.

Il n'existe au pied de la nouvelle ville qu'une petite rade offrant aux navires d'un léger tonnage un abri très-peu sûr par les vents du large, abri qui n'existe même que depuis quelques années, grâce aux remarquables et difficiles travaux accomplis par les soins de notre excellent ami Aucourt, l'ingénieur en chef de la province.

Le véritable port d'Oran, n'en déplaise à celui dont nous venons de parler, est Mers-el-Kébir (trois mots arabes signifiant littéralement: Port-le-Grand). Mers-el-Kébir est le Gibraltar de l'Algérie, et est certes appelé par sa situation topographique à devenir le principal chef-lieu maritime de notre colonie.

Ce port est presque entièrement l'œuvre de la nature : la main des hommes n'y a fait que quelques travaux d'aménagement. Il est bien abrité : son fond remarquable par sa profondeur est d'une bonne tenue : les vaisseaux de haut bord y trouvent même un mouillage sûr.

Mers-el-Kébir, situé à 9 kilomètres par terre de la capitale de la province, est à l'extrémité nord du golfe dont Oran occupe le centre et forme un cap s'avançant dans la Méditerranée.

Une chaîne de montagnes dont les deux points culminants (le fort Saint-Grégoire et le Santa-Cruz) n'atteignent pas à moins de 420 mètres d'élévation, relie la ville au port, enfouissant sa base dans les eaux bleues du golfe, dont elle décrit le contour occidental.

Avant notre domination en Afrique, la route ou,

pour mieux dire, le sentier que prenaient les Arabes allant de Mers-el-Kébir à Oran ou d'Oran à Mers-el-Kébir, gravissait péniblement jusqu'aux crêtes des montagnes qu'il suivait ensuite du point de départ au point d'arrivée : sorte de chemin du diable, véritable casse-cou dont les chevaux arabes eux-mêmes avaient peur, que les ânes franchissaient en dressant leurs longues oreilles et en baissant la tête, et qui de mois en mois causait régulièrement la mort de quelque cavalier dont la monture avait fait une faute ou de quelque piéton dont le pied avait failli. Hommes et chevaux roulaient sur les flancs dénudés des rochers et allaient rebondir dans la mer.

Depuis vingt ans, heureusement, il n'en est plus ainsi et l'on peut franchir la distance qui sépare Oran de son port naturel en toute sécurité, soit à pied, soit à cheval, soit même en voiture.

Une magnifique route, aussi pittoresque que puisse le désirer un amateur de la nature sauvage et aride, a été taillée dans les flancs des montagnes qu'elle serpente presque horizontalement.

A mi-chemin elle est bordée par une sorte de petit établissement thermal nommé les « Bains de la Reine » café-auberge-maison de santé où l'on ne trouve à peu près rien de tout ce dont on peut avoir besoin, pas même un peu d'ombre.

Cependant, pour être juste, nous devons ajouter que l'on peut y déjeuner très-convenablement à la seule condition d'apporter soi-même de la ville les comestibles et les liquides.

C'était cette route que nous parcourions le 9 août 1850, vers onze heures du matin, par un temps admirable (pour ceux qui n'habitent pas l'Afrique) et recevant en plein sur l'occiput une véritable douche de plomb fondu que nous versait généreusement le soleil dont les rayons, se heurtant sur les rochers, rejaillissaient avec une force double, exactement comme un boulet qui ricoche.

Quiconque va d'Oran à Mers-el-Kébir et réciproquement (ainsi que le disent les élèves de l'École polytechnique), quiconque suit cette route à pied ou à cheval de dix heures du matin à quatre heures de l'après-midi, part blanc et arrive nègre.

Durant neuf kilomètres on ne rencontre pas large comme le doigt d'ombre protectrice et l'on demeure exposé aux rudes atteintes de l'astre du jour, alors dans sa plus ardente majesté, à peu près comme ces quartiers de mouton que les Arabes tiennent suspendus au-dessus d'une braise incandescente.

Fort heureusement un séjour prolongé de plusieurs mois m'avait muni d'une assez bonne dose d'expérience relativement au côté matériel de la vie africaine, et, connaissant les inconvénients du parcours que j'entreprenais (trois coups de soleil successifs en faisaient foi), j'avais prudemment arrêté au quartier de la Marine, une voiture et un voiturier devant me mener de compagnie au but de ma pérégrination.

Quand je dis « voiture » en parlant du véhicule frété à prix d'or dans lequel je me pavanais, c'est que notre pauvre langue française ne me prête pas une désignation plus conforme à la vérité.

« Avez-vous été en Espagne, lecteur ? — Non ! — En ce cas cela est fâcheux, car les respectables et incroyables carrosses datant d'Isabelle la Catholique et encore employés dans la plupart même des grandes villes de la péninsule, vous eussent donné une idée approximative de celui dont il est question.

Au reste celui-ci était espagnol pur sang, comme son conducteur-propriétaire, comme tous les carosses et tous les cochers d'Oran, comme les trois quarts même de la population de la ville.

Les voisinages de Ceuta et de Mellila où l'Espagne a ses « présidios » c'est-à-dire ses bagnes, a l'estimable avantage de pourvoir Oran de tous les échappés des galères qui peuvent rompre leurs chaînes.

A Oran on trouve beaucoup d'Espagnols, quelque peu de Français et presque pas de Maures. Quant aux voitures, à l'exception de celle du général, on ne rencontre que des véhicules semblables à celui dont je vais m'efforcer de vous donner un aperçu.

Ce n'était ni un coupé, ni un fiacre, ni une calèche, ni une charrette, ni un landau, ni un phaéton, ni un omnibus et cependant c'était un peu de tout cela.

D'abord il y avait quatre roues, deux petites et deux grandes, puis un timon orné de ses deux chevaux efflanqués.

Sur ces quatre roues était posé, sans le moindre ressort, mais bien soutenu par quatre grosses cordes, une espèce de bateau plat pareil à ceux dont se servent les passeurs sur nos rivières, mais dont l'avant et l'arrière eussent été sciés au préalable.

Les deux bords du bateau servent de côtés à la caisse de la voiture, puis sur ces deux côtés se dresse une sorte de charpente extrêmement compliquée, établie à l'aide de ferrailles rouillées, de morceaux de bois multicolores et de toile cirée s'en allant en lambeaux.

Une banquette posée en travers à l'avant sert de siége au cocher : c'est là son salon, l'endroit où il reçoit ses amis et amies auxquels ou auxquelles il veut bien offrir place sans se préoccuper le moins du monde de votre assentiment.

Une cloison un tiers bois, un tiers fer, un tiers vide (espace réservé aux vitres absentes), sépare le conducteur de sa pratique et met cette dernière dans la situation des bêtes curieuses transportées dans des voitures ad hoc.

L'introduction dans la machine s'opère par derrière, comme dans un omnibus.

Dans quelques-unes, cependant, l'assaut peut être livré par deux larges brèches faites de chaque côté, et qu'une portière pantelante essaye en vain de reboucher après l'entrée de l'ennemi, c'est-à-dire du voyageur.

Une fois le prix fait avec le cocher, une fois installé tant bien que mal dans le carrosse, vous attendez.

Vous croyez peut-être que vous allez partir? Pas du tout.

Le cocher espagnol ne se préoccupe jamais de celui qu'il mène. Le locataire provisoire mis en jouissance de sa propriété, le conducteur s'en va vaquer à ses affaires. Vous criez, vous menacez, vous réclamez, rien n'y fait.

« Espera! espera! » vous répond tranquillement l'automédon sans se presser d'un pas.

(« Esperar » est un verbe dont le peuple espagnol fait un effrayant abus, et qui signifie à la fois attendre et espérer.)

Ces deux suprêmes expressions de la sagesse humaine (à ce que prétendent certains philosophes qui n'ont ou n'ont eu probablement jamais besoin de rien) ont le pouvoir d'irriter au plus haut degré les nerfs du voyageur impatient.

Enfin, le cocher veut bien consentir à prendre place sur son siége, il rassemble nonchalamment les rênes, fait claquer son fouet bruyamment et crie à tue-tête :

« Andar ! Andar ! »

Les malheureux chevaux secouent leur tête embarrassée et surchargée de grelots et de sonnettes, font un effort et s'élancent...

Aussitôt, vous entendez un extravagant vacarme qui vous assourdit les oreilles : Ce sont des craquements, des grincements, des bruits de vieilles ferrailles, puis vous vous sentez balancé en avant, en arrière, à droite, à gauche.

Ne vous effrayez pas ! ces bruits discordants, ce balancement désagréable proviennent du mouvement même du véhicule une fois mis en marche.

C'est la caisse qui craque et se disjoint, c'est la charpente soutenant la toile cirée, qui entre-choque ses garnitures ferrées, c'est le bateau qui obéit à l'impulsion que lui communiquent les cordes.

Après quelques instants d'étonnement, vous finissez par vous boucher les oreilles, pensant que l'augmentation du vacarme décèle la célérité de l'attelage.

Cette fois encore vous vous trompez. Le bruit cesse brusquement, le coffre devient immobile, la voiture s'est arrêtée. Votre cocher a rencontré un ami, un compatriote avec lequel il échange les nouvelles du jour.

Il allume une cigarette, serre la main à « l'amigo » et vous voilà de nouveau roulant par les rues.

Vous sortez de la ville par la porte de la Marine, vous avez la mer à gauche, les montagnes à droite, vous êtes sur la route et vous pensez, avec une certaine apparence de raison, que le trajet va s'accomplir sans nouvel incident.

Mais vous avez oublié que votre cocher est Espagnol, et qu'un véritable Espagnol ne connaît que deux façons d'être dans la vie : être amoureux ou ne l'être pas.

Si votre conducteur n'est pas amoureux, rendez grâce au ciel !

Cependant vous n'en arriverez pas plus vite pour cela.

Une fois sur la route, comme il n'y a pas à se tromper puisque la route est seule et unique d'Oran à Mers-el-Kébir, et aucunement croisée par le plus petit sentier, le cocher laisse tomber ses rênes, s'ac-

commode dans un angle et se livre aux douceurs de
la sieste, laissant ses chevaux entièrement libres de
leur allure, et ne se réveillant que si la voiture verse
en montant sur un quartier du roc.

S'il est amoureux au contraire, la chose est toute
autre. Ou il est heureux, ou il est malheureux. S'il
est heureux, si sa « novia, » sa « querida » lui a
donné un rendez-vous pour la nuit prochaine, s'il espère la rencontrer sur la route, ou la trouver au retour, il crie, il chante, il gesticule, il fait le beau, il
se pavane tant qu'il est dans la ville, puis une fois
hors des murs, il abandonne également les rênes, s'é-
tend tout de son long sur sa banquette, du dessous
de laquelle il tire une guitare et il entame une interminable romance tout en raclant le malheureux instrument qui gémit.

Vous gémissez aussi, car vous allez tout aussi lentement, et de plus vous êtes réellement abasourdi.

Mais qu'est-ce que ces inconvénients, comparés à
ceux que vous prodigue le cocher amoureux et malheureux dans ses amours.

Celui-là est sans cesse furieux : il injurie ses
bêtes, il injurie les passants, il injurie la route, il injurie sa voiture, il vous injurie vous-même, si vous
osez tenter une légère observation.

Que de mauvais sang font faire les cochers espagnols aux Français en voyage !

L'Espagne seule le sait ! mais heureusement, je le répète, j'étais parfaitement habitué à tous ces désagréments de la vie.

Quand mon cocher dormait, je chantais, quand il chantait, je dormais, quand il m'injuriait, je faisais semblant de ne pas entendre, tout en caressant amoureusement la pomme d'une énorme canne de palmier.

Cette tenue digne, cette pantomime expressive me conciliaient presque toujours l'estime de mes conducteurs.

Celui que j'avais pris le 9 août, m'avait déjà conduit plusieurs fois à Mers-el-Kébir, il me connaissait presque, il était amoureux et content, et pour un demi-douro en sus de la course, il consentait à ne pas racler sa guitare.

Je n'avais donc réellement à me plaindre que de l'extrême chaleur qui convertissait la route rocheuse en fournaise ardente. Enfin, trois quarts d'heure après mon départ du Château-Neuf, j'atteignais les premières maisons de Mers-el-Kébir.

A ma droite, à une portée de fusil au plus, se balançait gracieusement la corvette, Sa machine commençait à chauffer, une agitation assez vive régnait sur son pont : les matelots viraient au cabestan, tout enfin s'apprêtait pour le prochain appareillage.

Sur la passerelle allant d'un tambour à l'autre des deux roues, j'apercevais M. de Brignac, le commandant du Lavoisier, qui m'avait gracieusement offert l'hospitalité à son bord.

La voiture s'arrêta sur le quai, je fis signe à un matelot qui m'attendait et qui s'empara de mon léger bagage, puis je sautai dans la chaloupe, je pris les tire-veille et quatre vigoureux rameurs armèrent les avirons.

Cinq minutes après, je gravissais l'escalier de tribord et je serrais les mains de Jobert de Passa, lieutenant de vaisseau et commandant en second la corvette, et celles de Castellane, alors enseigne de vaisseau à bord du Lavoisier. Deux bons amis que m'avait fait rencontrer la Providence, alors que le Lavoisier était à Alger.

M. de Brignac me salua amicalement de la main, mais ne voulant pas le distraire dans les commandements qu'il donnait, je descendis dans la cabine que l'on avait mise à ma disposition.

Le Lavoisier allait faire une petite excursion sur les côtes du Maroc. Il devait toucher à Nemours, à Gibraltar, à Tanger, et comme vous le voyez, lecteur, j'étais du voyage.

II

Le Lavoisier.

Le Lavoisier était, et est encore, je le suppose, une jolie corvette à vapeur mue par une machine à roues de la force de 240 chevaux.

Son pont, complètement ras, n'avait aucune dunette, et la promenade pouvait s'accomplir de l'arrière à l'avant sans rencontrer d'autres obstacles que les mâts, le tuyau de la chaudière, la roue du gouvernail, et tous les divers objets d'aménagement, de gréement et d'armement qui occupent sur tous les navires la ligne du centre, ligne qui sépare le pont en deux parties égales, et forme ces deux côtés désignés sous les noms de tribord et de bâbord.

Sans être vaste, l'intérieur du Lavoisier était de grandeur fort convenable et parfaitement bien distribué.

L'appartement de M. de Brignac était réellement charmant.

Occupant, suivant l'usage, tout l'étage supérieur de l'arrière du navire, il s'ouvrait sur le palier de l'escalier dont la tête communiquait avec le pont, derrière la roue du gouvernail. Une belle pièce, servant de salle à manger les jours ordinaires, et de salle du conseil les jours solennels, donnait accès dans une seconde plus petite et désignée sous le nom de galerie.

La première était percée, à son centre, par le passage du mât d'artimon autour duquel s'enchâssait une vaste table en acajou massif. A droite et à gauche s'ouvraient quatre portes. La première communiquait avec le cabinet de toilette, la seconde avec la chambre à coucher, la troisième avec l'office, la quatrième avec la cuisine du commandant.

La salle à manger, ou chambre du conseil, était éclairée par le haut à l'aide d'un châssis en cuivre garni de carreaux s'ouvrant à volonté (ouverture nommée écoutille), et la chambre à coucher, le cabinet de toilette, la cuisine, l'office, recevaient l'air et la lumière par le moyen de hublots (sorte de petites fenêtres carrées, revêtues en plomb, garnies d'un verre lenticulaire et pratiquées dans la muraille d'un bâtiment.)

La galerie, ou salon, s'étendait à l'extrême arrière d'un bord à l'autre ; mais, comme les navires vont en se rétrécissant, la galerie, sur tous ceux qui en sont pourvus, affecte légèrement la forme d'un trapèze, dont la base se soude à la salle à manger. De belles fenêtres, ouvertes au-dessus du gouvernail, et permettant de suivre au loin le sillage du navire, éclairent l'intérieur de la pièce.

A bord du Lavoisier la galerie était ornée d'un vaste divan circulaire, en étoffe de laine de nuance claire, sur lequel l'heure de la sieste semblait doubler de charme.

En sortant de l'appartement du commandant, sur le même palier, mais en avançant vers le centre de la corvette, se trouvait le carré des officiers.

(A bord de tous les navires, le carré est une pièce rarement carrée, qui a l'avantage de n'être traversée par aucun mât, car elle est placée entre le mât d'artimon, donnant dans l'appartement du commandant, et le grand mât situé dans la batterie).

Une table longue, et à angles droits, occupait le centre, solidement fixée par ses quatre pieds afin de résister au tangage et au roulis. Tout autour de la salle s'ouvraient des portes donnant accès dans chaque cabine appartenant à l'un des officiers du bord.

C'était l'une de ces cabines que mes amis du Lavoisier avaient bien voulu mettre à ma disposition. Au reste, je connaissais parfaitement la corvette. Elle m'avait conduit, quelques mois auparavant, d'Alger à Mers-el-Kébir, et, alors qu'elle était en rade, j'étais venu nombre de fois dîner à son bord.

Tandis que je prenais possession de ma chambre provisoire, m'installant le mieux possible dans un espace d'un mètre et demi de longueur sur deux mètres de large environ, le Lavoisier avait achevé son appareillage, et, doublant la pointe de Mers-el-Kébir, commençait sa route vers l'ouest, s'apprêtant à longer les côtes autant que celles-ci permettraient, sans danger, de s'approcher d'elles.

Je montai sur le pont sans allumer le plus petit cigare, ni la plus mignonne cigarette.

J'aime la mer et j'ai souvent, si ce n'est pas longuement, navigué : jamais, voire même dans les plus gros temps, je n'ai subi les crises pénibles de cette indisposition pour laquelle les marins n'ont aucune pitié, et qui cependant torture réellement la majorité des passagers. Je n'ai jamais été victime du mal de mer; mais pourtant, lorsque je m'embarque, je subis, durant la première journée, l'influence de l'élément sur lequel je voyage, et cette influence se manifeste de la plus singulière façon.

Ainsi, parmi les nombreux défauts que la nature m'a si singulièrement prodigués, il en est un que je confesse sans la moindre tentative de discussion : je suis fumeur, mais fumeur dans la plus fâcheuse acceptation du mot ; à terre ferme, une heure sans cigare ou sans cigarette me paraît le plus intolérable de tous les supplices.

Eh bien ! dès que je mets le pied sur une embarcation, dès que je respire les âcres émanations des vagues, dès que je suis en mer, enfin, j'éprouve, durant les vingt-quatre premières heures du voyage, une invincible aversion pour tout ce qui ressemble à une feuille de tabac hachée ou roulée. Non-seulement fumer me serait impossible, mais encore l'odeur du cigare me fait mal, et la pensée seule d'un papelito et d'une pincée de Maryland me cause un profond sentiment de dégoût.

Et cependant je me porte à merveille pendant ce premier moment de navigation : j'ai très-bon appétit et la tête parfaitement libre.

Ces vingt-quatre premières heures écoulées, le tabac m'offre de nouveau tous ses charmes et je ne connais rien de plus délicieux que de demeurer des heures entières assis sur les bastingages d'un navire, me soutenant à quelque grelin, rêvant à la terre absente et suivant de l'œil le vol capricieux de la bouffée blanchâtre qui s'échappe lentement de mes lèvres.

Mais cet agréable passe-temps m'étant obstinément refusé durant la première journée, j'étais monté sur le pont, ainsi que je l'ai dit plus haut, enfonçant philosophiquement mes deux mains dans mes poches.

Castellane était de quart et nous nous mîmes aussitôt de compagnie à arpenter le pont de l'arrière au grand mât et du grand mât à l'arrière, avec ce mouvement régulier de va-et-vient particulier aux bêtes fauves dans leur cage et aux marins sur leur navire.

C'est incroyable ce que l'on fait de pas durant cette promenade restreinte et si, le quart fini, on pouvait calculer ce que la même activité de locomotion aurait produit sur la terre ferme en ligne droite, on en conclurait que certains officiers de marine auraient presque parcouru à pied, un trajet équivalent à celui accompli par le vaisseau.

Le ciel était superbe, la mer *c'était l'huile*, ainsi que le disent les Marseillais, pas le moindre souffle ne ridait le miroir bleuâtre et limpide que nous avions sous les pieds, la route était donnée et le Lavoisier ne pouvant livrer un pouce de toile à la brise absente, filait à toute vapeur, déroulant derrière lui le panache noir qui s'échappait en tourbillonnant de sa cheminée nouvellement peinte.

La chaleur était extrême et une tente établie sur toute la longueur du pont nous préservait à peine des ardentes atteintes du soleil.

M. de Brignac était redescendu dans son appartement, Jobert lisait, à demi étendu sur un banc fixé à l'arrière. Olivier, l'un des enseignes du Lavoisier, devisait près de l'écoutille avec le jeune chirurgien du bord. Castellane et moi nous nous promenions.

A l'avant, la bordée de quart veillait nonchalamment avec cette insouciance particulière au matelot qui ne s'occupe de rien et attend tout de ses chefs. Les uns dormaient au pied du mât de misaine, d'autres fumaient accroupis le long des bordages. Un vieux maître se promenait les mains derrière le dos, l'œil au guet et la joue gonflée par la chique traditionnelle.

Au milieu d'un groupe de matelots pérorait un zouave. Plus loin, à bâbord, près du tambour de la roue, se tenaient avec cette contenance humble et inquiète particulière à tous leurs coreligionnaires orientaux, deux juifs drapés dans leurs longues robes d'un bleu foncé et assis sur deux énormes ballots contenant sans doute des marchandises leur appartenant.

En face d'eux, à tribord, une famille arabe s'était installée sur la limite même servant de ligne de démarcation entre l'avant et l'arrière. Cette famille se composait de trois personnes : une femme, recouverte de ce long morceau d'étoffe nommé « haïck » et dans lequel s'enveloppent de la tête aux pieds les Moresques exposées aux regards du public, était assise sur un mauvais coussin. A peine apercevait-on son grand œil teint de « henné » et frangé de cils noirs, lançant parfois un regard vague par l'étroite ouverture du voile qui couvrait le visage.

Devant elle, sur un lambeau de tapis, se roulait en jouant un jeune garçon de cinq à six ans, entièrement nu suivant la coutume arabe.

Puis derrière la femme et l'enfant se dressait le chef de la famille, grave et impassible comme un véritable fils du désert qu'il était, drapé dans son burnous blanc dont l'un des pans, rejeté sur l'épaule, en arrière, laissait voir la ceinture rouge qui ceignait sa taille flexible.

Les deux juifs allaient à Tanger, l'Arabe et sa famille se rendaient à Nemours et le zouave qui jacassait bruyamment à l'avant devait débarquer également dans cette dernière ville pour aller de là rejoindre son bataillon en garnison à Lalla Margnia, l'un des postes les plus insalubres de la province.

Ce zouave, qui avait tout d'abord attiré mon attention, était bien l'un des types les plus accentués de ces héroïques soldats d'Afrique que notre époque doit être fière de pouvoir placer en pendant avec le grognard du premier Empire.

C'était un homme d'environ quarante ans, de taille moyenne, large d'encolure, déhanché comme un danseur de corde, aux membres secs et nerveux.

Sa tête osseuse, aux pommettes saillantes, s'emmanchait sur un long cou rouge et ridé. La peau du visage avait pris cette nuance indéfinissable où le brun rouge et la terre de Sienne, après s'être livrés une lutte acharnée, ont fini par se confondre et former cette teinte bizarre, sans autre nom que la dénomination triviale adoptée par les soldats, qui, lorsqu'ils veulent exprimer ce que nous cherchons en vain à vous expliquer ici, disent : il a « le cuir culotté. »

Quinze ans d'Afrique au moins avaient dû être

nécessaires pour faire éclore ce ton de cuivre rouge noirci au feu.

Deux énormes moustaches et une impériale d'une longueur démesurée s'étendaient à droite, à gauche et en contre-bas du visage. Le crâne était rasé et donnait au front une ampleur extraordinaire. Un œil abrité sous d'épais sourcils fauves, semblait lancer à chaque instant des éclairs rapides.

L'uniforme du zouave, outrageusement délabré, attestait d'une part de longs et loyaux services, et de l'autre, la parfaite indifférence de celui qui le portait en matière de coquetterie. Il faut dire aussi que ce qui relevait singulièrement ce vieil uniforme et le rendait plus éclatant qu'un autre, sorti récemment du magasin, c'était au bras gauche, un double chevron constatant une longue carrière militaire, et sur la poitrine un ruban rouge soutenant la croix de la Légion d'honneur.

Une calotte rouge aplatie sur le crâne et posée sur le sommet de la tête, semblait ne s'y maintenir que par un miracle d'équilibre, et le gland bleu qui la terminait tombait jusque sur les épaules, formant cascades.

Ce splendide échantillon de notre valeureuse armée d'Afrique, se tenait debout dans une pose indolente, la main gauche enfoncée jusqu'au poignet dans la ceinture, la main droite accentuant énergiquement dans l'air des gestes multipliés. Une courte pipe noire pressée dans le coin de la bouche, terminait l'ensemble.

Les matelots assis en cercle autour du soldat, semblaient l'écouter avec une attention profonde. Le zouave racontait différents épisodes de ses dernières campagnes. Probablement l'un de ces épisodes était comique, car au moment où nous approchions de la cheminée, non loin de laquelle étaient groupés orateur et auditeurs, de bruyants éclats de rire arrivèrent jusqu'à nous.

« Il est bon, le Beni-Mouffetard! » dit le vieux maître d'équipage, qui s'était arrêté aussi pour écouter le zouave.

III

Les Beni-Mouffetards.

Les Beni-Mouffetards auquels avait l'honneur d'appartenir, ainsi que l'avait dit le vieux marin, le zouave embarqué à bord du Lavoisier, forment une tribu importante, l'une des plus fameuses de l'Afrique et à coup sûr la plus redoutée, bien que nos lecteurs ne la connaissent probablement même pas de nom.

Son origine remonte jusqu'à la création des zouaves, et elle doit son existence à l'une de ces spirituelles réparties, comme en savent faire les seuls gamins de Paris.

Tout le monde sait aujourd'hui comment furent formés les zouaves.

Lorsque les Français prirent Alger en 1830, ils trouvèrent installés dans la ville un corps à la solde de l'ancien dey, composé d'environ six mille Turcs, auxquels les habitants d'Alger vouaient une crainte séculaire.

Ces Turcs furent désarmés, licenciés et renvoyés. Mais le général Clausel comprenant tout le parti que pouvaient lui offrir quelques bataillons composés d'indigènes fidèles, résolut de réorganiser sur de nouvelles bases le corps nouvellement dissous, et se mit à recruter des Kabyles pour les enrôler sous le pavillon de la France.

Ces Kabyles, qui étaient pour les États barbaresques ce que les troupes suisses sont en Europe, s'appelaient les « zouaoua » nom qui fut conservé au nouveau corps, dans la composition duquel ne tardèrent pas à être enrégimentés les *volontaires de la Charte*, et dont on fit promptement ce mot « zouave, » devenu si complétement français aujourd'hui.

Les *volontaires de la Charte*, ces *gardes mobiles* de la révolution de 1830, étaient presque tous enfants de Paris. Ils importèrent avec eux, dans le régiment créé et dont ils formaient le noyau principal, cette gaîté, cet entrain, ce courage qui distinguent les soldats nés au faubourg Saint-Marceau ou au faubourg Saint-Antoine.

Arabes enrôlés, Parisiens incorporés, finirent vite par constituer un tout redoutable, et les deux bataillons de zouaves firent promptement merveille. Bientôt des régiments entiers furent organisés, et toujours dans ces régiments l'élément parisien domina d'une manière sensible.

Un jour, c'était en 1835, au mois de décembre, durant cette campagne de Mascara, qui devait venger notre précédent désastre de la Macta.

Onze mille hommes sous les ordres du maréchal Clausel, avaient quitté Oran pour aller assiéger la apitale de l'émir.

Quoique la saison fût trop avancée pour ouvrir une campagne, le soleil, par un bonheur inouï, fit sentir durant plusieurs jours ses bienfaisants rayons.

Le 1er décembre, au pied des pentes de l'Atlas qui bordent le Sig, on rencontra la cavalerie d'Abd-el-Kader: la journée fut chaude.

Le 3, le combat reprit de nouveau.

Notre armée, chassant l'ennemi devant elle, avançait toujours, lorsqu'à la hauteur des quatre marabouts de Sidi-Embarack, ayant rencontré un profond ravin qui traverse l'étroite vallée où elle devait s'engager, elle fut acceuillie subitement par un feu très-vif, accompagné d'horribles clameurs.

C'était l'infanterie de l'Émir qui, embusquée sur les bords du ravin, était soutenue par quelques pièces de canon parfaitement servies.

Cette position formidable loin d'intimider nos soldats, sembla leur donner une ardeur nouvelle. Voir l'ennemi, traverser le ravin, gravir les flancs au pas de course, aborder à la baïonnette, fut l'affaire d'un instant, mais les réguliers tenaient ferme et une mêlée furieuse s'ensuivit.

Enfin, les Arabes délogés furent contraints à prendre la fuite.

L'action venait de finir. Chaque corps comptait ses morts et soignait ses blessés.

Les tentes se dressaient, les marmites bouillaient tant bien que mal, les soldats chantaient. Le maréchal entouré de son état-major, donnait quelques ordres essentiels pour la sécurité du campement.

Tout à coup, il voit s'avancer vers lui un homme couvert de sang, noir de poudre et tenant de chaque main un objet hideux à contempler.

Cet homme au visage bruni, au front rasé, aux vêtements arabes, était un zouave. Ce qu'il tenait de chacune de ses mains était une tête fraîchement coupée.

Les indigènes étaient nombreux alors dans les rangs des zouaves, et celui qui s'avançait vers le maréchal avait toute la tournure d'un véritable Arabe.

Le duc d'Orléans était en ce moment près du maréchal. L'un des aides de camp du prince, craignant que la vue de ces trophées sanglants ne lui causât une sensation trop pénible, fit un mouvement pour empêcher le zouave d'avancer; mais le maréchal le retint du geste.

« Laissez faire, monsieur, dit-il; ne savez-vous pas qu'il est d'usage de compter à chacun de ces braves, enrégimentés sous nos drapeaux, dix francs par tête d'Arabe qu'ils apportent. Celui-ci vient réclamer la prime promise....

— Et je la veux payer moi-même, ajouta le duc en s'avançant. »

Le zouave était arrivé en face du groupe formé autour du prince et du maréchal Clausel. Il déposa à terre, sans prononcer un mot, les deux têtes fraîchement coupées par lui quelques instants auparavant.

Ces témoignages irrécusables de sa bravoure, de son intrépidité et de la part qu'il avait prise à l'action terrible qui venait d'avoir lieu, gisaient sur le sol encore humide de sang répandu.

Le zouave, la main droite au turban, demeurait immobile.

Un rayon de soleil, glissant à travers un nuage, vint un moment éclairer son visage jaunâtre, dont l'expression énergique était rehaussée encore par le délabrement de son uniforme tout maculé de sang tout déchiqueté par les yatagans des Arabes, et ses joues noircies de poudre, indiquaient l'effrayante consommation de cartouches qu'il avait dû faire.

La scène avait lieu sur une petite éminence, et présentait un coup d'œil réellement digne d'inspirer un peintre de bataille. C'était, en effet, quelque chose de saisissant à contempler que cet épisode guerrier.

Au centre se tenait le vieux maréchal (il avait alors soixante-quatre ans), sa figure expressive, encore animée par le combat qu'il venait de diriger; près de lui était le jeune prince; tout autour des officiers de tous grades et de tout âge, les uniformes en désordre, les vêtements ensanglantés, la joie du triomphe peinte sur le visage.

En face d'eux ce zouave calme et immobile poussant du pied les deux têtes ennemies qu'il avait tranchées au péril de sa vie.

Pour cadre au tableau les montagnes qui entourent Mascara où l'armée entière préparait ses bivouacs, pansait ses blessés, enterrait ses morts, et se disposait à prendre quelques heures d'un repos nécessaire.

Au loin, la mosquée éclairée par le soleil.

A terre, des centaines de cadavres mutilés par la mitraille et troués par la baïonnette.

Le duc d'Orléans prit deux pièces de vingt francs et les tendit au zouave.

Celui-ci, la main droite toujours à la hauteur du turban, avança prestement la main gauche.

Recevant l'or dans ses doigts nerveux, il témoigna aussitôt sa joie par un cri rauque et lançant les deux pièces en l'air, il se mit à jongler avec une adresse merveilleuse.

Tout l'état-major se mit à rire.

« Monsieur, dit le maréchal à son interprète, demandez à ce brave son nom et celui de la tribu à laquelle il appartient.

— Pas la peine, mon maréchal, dit le zouave en se retournant vivement; je vous le dirai bien moi-même. Bertrand dit Poil-Rude, de la tribu des Beni-Mouffetards. Enfant de la rue Copeau par droit de naissance, et pour le présent kabyle par fantaisie! »

Depuis ce jour mémorable où la tribu des Beni-Mouffetards s'était vue créée par la repartie du zouave, elle prit de rapides et de vastes développements et bientôt elle compta parmi les plus nombreuses de toutes les tribus de l'Afrique. Les zouaves, les chasseurs à pied, les turcos, les zéphyres mêmes lui apportèrent successivement leur contingent des plus braves et des plus éprouvés.

En 1839, lorsqu'Abd-el-Kader, celui que les Arabes considéraient plus encore comme un prophète que comme un sultan, fit entendre un suprême appel à ses soldats et à ses fidèles, tous les indigènes incorporés depuis plusieurs années dans les zouaves et sur la fidélité desquels on n'avait jamais jusqu'alors conçu aucune inquiétude, tous en une même nuit firent une défection soudaine et allèrent porter dans les rangs de l'armée ennemie l'instruction militaire que nous leur avions donnée.

Nos bataillons de zouaves un moment décimés par cette désertion fatale, ne tardèrent pas à se recruter de nouveaux soldats, mais tous furent français cette fois.

Il n'y eut plus depuis cette époque rien d'arabe parmi eux que l'uniforme et la tribu des Beni-Mouffetards s'augmenta d'autant.

C'était l'historique de la célèbre tribu dont il était membre que faisait aux matelots qui l'écoutaient avidement le zouave embarqué sur le Lavoisier.

Le Beni-Mouffetard obtenait un succès fou, et le quart filait avec une rapidité d'autant plus merveilleuse que la manœuvre était nulle. Les chauffeurs seuls étaient occupés.

Nous étions alors à la hauteur du cap Falcon, et la terre commençait à disparaître à l'horizon. A peine apercevait-on à l'aide de la longue-vue la végétation rabougrie de la plaine des Andalouses, dominée çà et là par la cime arrondie d'un chêne-liége.

Le soleil, très-élevé, ne nous promettait pas encore les heures si douces de la fraîcheur qui viennent régulièrement avec la brise de mer aux approches du soir.

En dépit de la tente dressée de l'avant à l'arrière, le séjour sur le pont commençait à devenir réellement intolérable. Le moment de la sieste invitait à la position horizontale. Jobert, Olivier, le chirurgien du bord étaient descendus dans leurs cabines. Il n'y avait plus à l'arrière que Castellane et moi. Je souhaitai une heureuse et prompte fin de quart à mon compagnon, et je descendis m'étendre dans un cadre.

Le cadre est une sorte de hamac perfectionné qui ne sert, sur un navire, qu'aux officiers et aux malades.

C'est un lit suspendu, comme le hamac, par ses deux extrémités, et établi par l'assemblage de quatre tringles formant un rectangle parfait. Garni d'un fond en filet ou en toile, il est pourvu à chaque bout de deux araignées (réseau de petits cordages) qui servent à l'accrocher. Sur le fond on étend la literie.

On est parfaitement couché dans un cadre, et je me trouvai si bien dans celui que l'on m'avait donné, que je dormis près de trois heures sans entr'ouvrir l'œil une seule fois.

Deux causes assez violentes m'arrachèrent brusquement aux douceurs de la sieste. D'une part, la cloche du bord qui sonnait à toute volée juste au-dessus de ma tête; de l'autre, un mouvement très-sensible de va-et-vient imprimé à mon cadre.

Je sautai sur le plancher, mais je fus obligé de me retenir vivement à la cloison pour ne pas tomber.

La corvette roulait assez rudement. Je repris mon équilibre, et, traversant le carré désert en prenant cette démarche lente et sûre dont mes voyages précédents m'avaient donné le secret, je gravis lentement les degrés de l'escalier conduisant sur le pont.

Là, un spectacle inattendu me frappa d'étonnement.

IV

Un vieil Africain.

Durant les trois heures pendant lesquelles j'avais goûté les douceurs de la sieste, le Lavoisier avait fait une route assez rapide et la brise d'est s'était brusquement élevée.

La terre, sur laquelle j'avais pu jeter un dernier coup d'œil, s'était complétement effacée à notre gauche. Partout, autour de la corvette on n'apercevait plus qu'une nappe mobile prise sous les parois de la coupole azurée, comme si elle se fût trouvée enfermée sous une gigantesque cloche.

Le ciel, que j'avais laissé d'un beau bleu lapis foncé, était jaune d'or, tacheté çà et là de petits flocons blanchâtres et rosés qui couraient dans le même sens que le navire.

Le soleil qui commençait à prendre son bain quotidien dans l'Océan, plongeait ses premiers rayons inférieurs dans les vagues, comme un nageur timide qui tâte l'eau du bout du pied avant de s'aventurer complètement dans l'élément qui l'invite, et lançait dans l'espace les gerbes étincelantes de ses rayons supérieurs qui semblaient s'étendre en se dilatant pour embraser tout le ciel de l'occident à l'orient.

Des nuages plus légers et plus diaphanes qu'une jupe de gaze, ne tentaient même pas de s'opposer aux splendides effets de lumière qui se jouaient sur nos têtes.

Le soleil s'abaissant précisément en face de nous et précipitant dans la mer ses cascades de lave incandescente, laissait la mâture et les agrès du Lavoisier se dessiner en noir sur ce fond de diamants fondus.

La brise venant de l'orient avait subitement soufflé, et la corvette lui avait livré une partie de sa voilure. Nous marchions vent arrière, l'une des allures les plus fatigantes pour un navire et pour les passagers.

La mer, bleue quelques heures plus tôt, était alors blanche d'écume. Aucun danger ne menaçait la corvette, le temps était beau et la brise excellente, mais l'allure du Lavoisier était pénible au plus haut degré et la violence croissante du vent exigeait toute l'attention de l'officier de quart, toute la vigilance du pilote, et tenait maîtres et matelots sur le qui-vive.

J'étais près de la roue du gouvernail et je regardais avec intérêt et attention ces jeux grandioses des terribles éléments destructeurs auxquels le Lavoisier livrait sa coque sans redouter le moindre péril. Parfois mes yeux s'arrêtaient sur le pont et suivaient les manœuvres ordonnées, les matelots grimpant dans la voilure, les maîtres transmettant les commandements à l'aide de leur petit sifflet d'argent aux modulations si perçantes.

L'activité avait succédé au calme et au repos, et la bordée qui venait de prendre le quart, travaillait avec autant d'énergie que les camarades de la bordée précédente s'étaient reposés avec indolence en écoutant le récit du zouave.

Celui-ci, assis près de la cheminée, s'efforçait de faire bonne contenance.

Le vieil Africain mettait sa dignité (cela était évident) à résister au malaise qui commençait à s'emparer de lui. Il ne voulait pas, représentant qu'il était de l'armée de terre, donner, dans sa personne, cette armée en moquerie aux impitoyables matelots.

Et cependant le pauvre zouave pâlissait, verdissait,

rougissait. Il avait jeté sa pipe qui gisait sur le pont, déboutonné son gilet pour avoir plus d'air, et une sueur abondante, mais non causée par la seule température, perlait en grosses gouttes sur son front ridé.

Néanmoins il tenait ferme, relevait sa tête alourdie et répondait encore aux quolibets que les matelots lui lançaient en passant.

La famille arabe n'avait pas changé de place et pourtant les vagues la noyaient parfois complètement.

La jeune femme, allongée entièrement sur le tapis, subissait l'influence du mal de mer qui la brisait au point de la priver du moindre mouvement.

A peine avait-elle encore la force de maintenir sur son visage le haïck qui devait le couvrir, et par moments je pouvais contempler sa belle figure pâle comme un marbre blanc, et ses traits réguliers abattus par la souffrance.

L'enfant insouciant continuait à jouer, poussant des cris aigus de joie ou de détresse (je ne pouvais comprendre précisément) chaque fois que le navire tanguait plus violemment ou chaque fois qu'une vague arrivait jusqu'à lui.

L'Arabe ne bougeait pas. Toujours drapé dans son burnous, il ne paraissait se préoccuper en aucune manière de l'état d'affaiblissement et de prostration dans lequel était sa femme, et on devinait que, de même que le zouave, il luttait énergiquement contre le mal envahisseur. Le sentiment qui le faisait se roidir était également l'orgueil : le musulman ne pouvait prêter à rire à des chrétiens.

Quant aux deux juifs accroupis près du tambour de la roue de bâbord, ils se laissaient dominer sans honte et sans courage par l'indisposition qui les avait atteints des premiers. Ils gisaient inertes, applatis sur le pont, recevant, sans se plaindre, les coups de pieds que les matelots leur envoyaient au passage, geignant, pleurant, se plaignant et invoquant sur tous les tons la pitié de l'équipage.

En Europe où, grâce aux progrès de la civilisation toute différence entre les sectes religieuses a presque complètement disparu, en France surtout, où cette différence n'existe plus, onne peut se faire une idée exacte de ce que sont en Orient les Israélites.

Habitués dès l'enfance à supporter toutes les humiliations sans oser les repousser, à être traités par les sectateurs de Mahomet comme de véritables parias, à leur abandonner dans la rue le haut du pavé, à se déchausser pour passer pieds nus devant une mosquée, à respecter la défense à eux faite de porter le burnous blanc et la chéchia rouge, de se contenter de l'âne ou du mulet pour monture, le cheval étant un animal trop noble pour ces malheureux ; habitués, dis-je, à toutes les misères d'une tyrannie odieuse et absurde, cette tyrannie même a développé chez les juifs orientaux non-seulement tous les instincts qu'on leur reproche sans remonter à la cause, mais encore une humilité, une timidité, une bassesse et une poltronnerie qui n'ont d'égal que le désir bien légitime de rendre tromperie pour mépris et de se venger de ces insolents mahométans, qui les abreuvent de dégoûts et d'insultes, en faisant passer dans leurs ceintures l'or que contiennent celles de leurs ennemis.

Comme la brise augmentait et que les vagues inondaient de plus en plus le pont de la corvette, je m'approchai de l'Arabe, et me servant des quelques mots de sa langue maternelle que mon séjour prolongé en Afrique avait fini par me graver dans la mémoire, je l'engageai à descendre avec sa femme et son enfant dans la batterie afin de les mettre tous deux à l'abri de l'eau et du vent.

Le fils du désert m'écouta gravement, puis, lorsque j'eus achevé, il me salua sans me répondre ; mais quelques instants après que je l'eus quitté, il prit sa femme entre ses bras et, suivi par l'enfant qui criait toujours, il descendit par la grande écoutille.

Le zouave, lui, allait de moins bien en moins bien. Le pauvre soldat, dompté enfin par la nature en émoi et plus puissante que sa volonté, pâlissait et verdissait de plus en plus.

Assis au pied du tuyau, il demeurait muet, obéissant à toutes les secousses de tangage ou de roulis que lui imprimait le navire, une main appuyée sur le pont pour se soutenir, l'autre pendant ouverte sur les genoux, mais on sentait que ses doigts détendus n'avaient plus aucune force, comme on comprenait, aux regards vagues qu'il promenait çà et là, que son œil fixait les objets sans les voir.

« Êtes-vous donc malade, mon cher ? » dit tout à coup une voix brusque partie derrière-moi, tandis qu'une main nerveuse s'appesantissait sur mon épaule.

« Malade ?... répondis-je, mais pas le moins du monde, heureusement.

— Alors, à table, le dîner est prêt ! N'avez-vous pas entendu la cloche ? »

Un dîner par le tangage et le roulis n'est pas précisément chose facile à prendre.

La table était trouée d'une infinité de petits trous dans lesquels était fichée une non moins grande quantité de petites chevilles.

Plats, assiettes, verres, bouteilles étaient retenus par ces chevilles qui les entouraient de toutes parts et ne risquaient pas de courir çà et là sur le bois, mais ce que contenait chacun de ces vases débordait ou roulait à chaque secousse, et il fallait se livrer à un réel et consciencieux exercice d'équilibriste pour parvenir à humer son potage ou à avaler le contenu de son verre.

Après un travail d'une demi-heure entremêlé de plaisanteries et de rire, que suscitait chaque incident comique, nous remontâmes tous sur le pont.

La température avait fraîchi, comme cela arrive d'ordinaire aux approches de la nuit sous le climat d'Afrique, et le vent n'avait point diminué de violence.

La première personne qui s'offrit à moi au moment où je commençai ma promenade sur le pont fut le zouave ; mais une transformation complète s'était opérée en lui.

Je l'avais quitté pâle, défait, prêt à succomber au terrible mal de mer, et je le retrouvais frais, dispos, alerte et paraissant jouir de toutes ses facultés physiques. Ce brusque changement, accompli en moins d'une heure, m'intriguait vivement.

« Cela va donc mieux, mon brave ! lui dis-je en m'approchant.

— Comme vous voyez, me répondit-il.

— Le malaise est passé ?

— Ni vu ni connu ! Mais pour le mal de mer, c'était pas le mal de mer.

— Naturellement, » fis-je en souriant.

J'ai toujours remarqué que les gens affectés de cette pénible indisposition occasionnée par le mouvement d'un navire, mettent une obstination et un amour-propre incroyables à en nier les effets sur leur organisation physique.

Ceux qui y succombent depuis l'instant de l'appareillage jusqu'à celui du mouillage et qui, durant toute une traversée, gisent étendus dans une position horizontale qu'ils n'osent quitter, et sont en proie à des crises fréquentes, ceux-là sont bien contraints à reconnaître la cause de l'état qu'ils subissent; mais ceux qui ne souffrent que d'un malaise passager, ceux qui triomphent promptement du mal de mer, en nient complètement les atteintes et dépensent une quantité inimaginable de phrases persuasives pour démontrer, surtout aux marins, que le dérangement de leurs fonctions animales provient d'un tout autre effet que de celui des vagues.

L'amour-propre de l'homme de terre est développé au plus haut point par le désir de paraître insensible à l'épidémie commune à tous ceux qu', comme lui, sont placés momentanément sur un autre élément que l'élément qui leur est propre.

Quant au zouave avec lequel je causais, il avait repris possession de son état normal, grâce à son énergie morale d'une part, et, de l'autre, à une gourde de rhum que lui avait offerte un matelot, et à laquelle il avait donné une longue et amicale accolade; mais, ainsi que je l'ai dit, il rejetait sur une cause étrangère à l'élément sur lequel il naviguait, le malaise qu'il ne pouvait absolument nier.

« Au reste, ajouta-t-il en frappant du pied le pont de la corvette, pour être juste, faut avouer que je n'aime pas camper longtemps sur ces gueuses de coquilles de noix.

— Vous préférez la terre ferme? lui dis-je en riant.

— Un peu; quoique, pour être juste, faut avouer que la terre a bien aussi ses petits désagrements, surtout cette scélérate de terre d'Afrique où on rencontre tout ce qu'il faut pour boire excepté de l'eau et du vin; tout ce qu'il faut pour manger excepté du pain et de la viande. Après ça, continua-t-il avec un sourire d'une mélancolie étrange sur cette physionomie bronzée, après ça, pour être juste, faut avouer que tout un chacun n'est pas du même avis. Il y en a qui l'aiment tant cette terre d'Afrique, qu'ils y sont demeurés et qu'ils n'en sortiront jamais. Cré mille je ne sais quoi! elle peut laisser pousser, au jour d'aujourd'hui, du beau blé pour la France, elle a été assez arrosée de sang français !

— Il y a longtemps que vous êtes en Afrique ? » demandai-je après un moment de silence, provoqué par la réflexion du zouave.

Le vieux soldat désigna successivemeut du geste les chevrons cousus sur son bras et la croix d'honneur placée sur sa poitrine.

« J'y ai gagné ees morceaux de laine et ce brimborion, dit-il avec un certain orgueil, bien légitime du reste ; mais, pour être juste, il faut avouer que le jour où l'on m'a donné le joujou j'avais pas plus d'agrément qu'il n'en fallait: Cré mille je ne sais quoi ! il m'en souvient. J'étais à l'ambulance avec une demi-douzaine de cataplasmes posés en serre-file sur mon individu, et le major venait de me recoudre la peau du ventre, ni plus ni moins qu'à un dindon qu'on a truffé. Je faisais la bête sur mon matelas, et je voyais déjà ma feuille de route signée pour ma dernière étape... Eh bien ! savez-vous, monsieur ? mais, pour être juste, faut avouer que vous ne pouvez pas savoir, eh bien ! quand le colonel Pélissier, qui était alors chef d'état-major de l'armée, m'a fourré sous les yeux ce petit brimborion... je m'ai dressé tout seul :

« Pour moi ? que j'ai fait.

3.

— Pour toi ! qu'il m'a répondu ; guéris vite pour te faire tuer une autre fois ! »

« J'ai tendu la main.... je tremblais, dam! j'étais encore plus bête qu'avant !... La croix m'a touché.... j'ai frissonné.... et j'ai vu blanc, j'ai vu bleu, j'ai vu rouge.... et je n'ai plus vu du tout.... Quand j'ai regardé, mon ruban était tout mouillé.... j'avais pleuré dessus.... c'était la première fois.... Pour être juste, faut avouer que j'étais content.... Le colonel était encore là, avec sa grosse figure qu'il sait quelquefois rendre si bonne quand il veut.... Lui aussi il avait la larme dans l'œil.

« Ah ! mon colonel !.... que je fais en sentant que j'allais encore faire la bête.

— Ah ! qu'il me répond de sa voix rude, tâche de te tenir ! Si tu fais la farce de t'évanouir comme un imbécile, je te flanque à la salle de police sitôt que tu seras guéri. »

« Et il me colle ma croix sur l'estomac... Eh bien ! pour être juste, faut avouer que je ne sais pas comment ça s'est fait, mais cette croix sur mon cœur, ça m'a fait plus d'effet que tous les cataplasmes du major.... Mon sang n'a fait qu'un tour, et moi, qui ne pouvais pas bouger tout à l'heure, je me sentais de force à reprendre mon fusil.... Si le chirurgien avait voulu, je rejoignais le soir même.... Ma pauvre croix !

continua le zouave d'une voix émue, elle est bien noircie, bien abîmé, mais j'y tiens, voyez-vous, monsieur; c'est toujours la même, elle ne m'a pas quitté depuis six ans. »

Les paroles du soldat m'avaient intéressé. Je devinais qu'il y avait dans le passé de cet homme toute une série d'actions héroïques, de trait de courage et d'audace, de jours de souffrance et de fatigue.

V

Les Souvenirs d'un Zouave.

Castellane et Jobert étaient venus se joindre à moi et avaient écouté avec une attention égale à la mienne.

« Comment avez-vous gagné cette croix, mon ami? demanda Castellane.

— Un jour que nous sommes partis quatre cent dix et que nous sommes revenus douze ! répondit le zouave.

— A quelle affaire ? fit Jobert en s'avançant à son tour.

— Je vais vous le dire, si ça peut vous être

agréable ; mais, pour être juste, faut avouer que l'agrément manquait complètement ce jour-là. »

Et le zouave, s'accommodant du mieux qu'il pouvait sur le bordage contre lequel il se tenait debout, s'apprêta à satisfaire notre curiosité.

« Pour lors, et d'une, fit le vieux soldat en s'efforçant, mais en vain, de prendre une pose gracieuse que le roulis et le tangage ne lui permettaient pas de conserver, pour lors et d'une, c'était comme qui dirait à cette époque de l'année, quoique, pour être juste, faut avouer que la chose ne s'est pas passée au mois d'août, mais bien au mois de septembre.

Enfin, n'empêche ! J'étais alors dans le 8ᵉ des chasseurs à pied, crâne bataillon, non moins crânes officiers.

Nous étions occupés à nous ennuyer depuis plus de quinze jours avec un escadron du 2ᵉ hussards, dans cette scélérate de ville où nous arriverons demain soir, que nous appelons Nemours, et que les Arabes appelaient encore Djemma-Ghazaouat.

Un matin, je vois encore ça comme si j'y étais, je faisais un piquet avec Barbier, un maréchal-des-logis des hussards.

Tout à coup, crac ! v'là un roulement. Je bondis sur mon banc, et je laisse tomber mes cartes.

« Quoi que t'as ? » me dit Barbier.

Paf! une sonnerie ! V'là Barbier qui me regarde.

Le capitaine Gentil Saint-Alphonse passait en courant ; je cours après lui.

« Sans vous commander, mon capitaine, il y a donc du nouveau ? que je lui dis.

— Nous allons voir Abd-el-Kader ! » qu'il me répond.

Dam ! on était toujours prêt à partir alors : aujourd'hui ici, demain là. Pour être juste, faut avouer que cette existence de va et de vient ne manquait pas précisément de charmes.

Une demi-heure après, la colonne était en marche. Nous étions en tout quatre cent dix, ainsi que je vous l'ai dit ; trois cent cinquante chasseurs à pied, desquels j'avais celui d'être, et soixante hussards, commandés par le chef d'escadron Courby de Cognord.

Le lieutenant-colonel Montagnac, un brave des braves, un numéro un, un premier choix, quoi ! était à notre tête à tous.

Nous avions laissé derrière nous, à Nemours, une partie du 15° léger.

Pour lors, une, deux, nous voilà en route.

« Il paraîtrait voire, que me dit un camarade de rang, que nous allons pousser une pointe chez les Souahelia, une tribu qui va nous recevoir à bouche que veux-tu, nous abreuver de couscoussou et nous donner ses filles en mariage, tant elle a hâte et désir de nous serrer dans ses bras.

— A cause de quoi ?

— Je te vas faire le narrement de la chose. J'étais de planton chez le colonel, quand un Bédouin est arrivé. Il paraîtrait voire que ce brigand d'Abd-el-Kader menace nos bons amis les Souahelia, et que comme il s'est montré dans la plaine avec une cavalerie nombreuse, les Souahelia nous ont envoyé chercher pour les protéger et empêcher l'émir de traverser leur territoire pour aller soulever les Traras. »

Il y avait bien une heure que nous marchions rondement au milieu de ces gueusards de palmiers nains, qui ont une mine si gentille de loin et qui de près, sont loin de valoir les trottoirs des pays civilisés, lorsque nous atteignîmes un marabout qui était devenu un poste avancé, où nous laissons, en passant, une compagnie sous les ordres du commandant Coste.

On reste une minute avec les amis, avant de les quitter, le temps de dire ouf! de s'essuyer le front et de boire un verre d'eau.

Les clairons sonnent la marche et en route. Nous remarchons un peu plus d'une heure.

« V'là la nuit qui vient ! que je dis.

— Et voici les Souahelia ! » que répond le capitaine de Géraux, un autre brave s'il en est, qui trottait à côté de moi.

En effet, nous voyions les tentes, les gourbis, la smalah enfin des Souahelia, qui campait au pied des collines.

On fait halte, on trempe une soupe, on gruge un biscuit et on allume une pipe.

Le colonel Montagnac et le commandrnt Courby de Cognord, étaient à tu et à toi avec les chefs arabes qui leur donnaient du café à bouche que veux-tu.

Jusque-là tout allait au mieux, et on s'attendait à bivouaquer jusqu'au lendemain matin, mais va te promener ! Les clairons ressonnent.

« Vite, le sac au dos et à vos rangs ! »

Il paraîtrait voire que ces gueux de Souahelia avaient raconté au colonel, entre deux tasses de café, qu'Abd-el-Kader devait essayer de passer, durant la nuit, par une espèce de petit défilé situé à une lieue au plus dans le sud. Le colonel, qui aimait le feu et qui flairait d'avance les coups à donner ou ceux à recevoir, n'avait fait ni une ni deux.

« En route ! » qu'il avait dit. Et les Souahelia devaient nous guider et nous accompagner pour nous soutenir en cas de besoin.

Pour lors, et de trois, nous trottons derechef. Au

reste nous n'étions pas trop fatigués, la nuit était fraîche, et l'idée de se cogner avec les Arabes avait bien son genre d'agrément.

Vers une heure du matin nous atteignons une colline : pays pas beau, aspect désagréable.

« Faut encore avancer, disent les Souahelia ; dans cinq minutes nous y sommes. » L'envie de dormir me faisait fermer les yeux depuis quelques instants. J'avais pris le pan de la tunique de mon chef de file, je marchais toujours bon pas, à mon rang, mais comme l'aveugle que tire un caniche, sans rien voir.

Tout à coup je me cogne le nez sur le sac du chasseur qui me dirigeait, et j'entends un juron numéro un prononcé à mon oreille. J'ouvre un œil, je sens mon camarade de gauche qui dégringole.... En même temps v'là une fusillade premier choix qui éclate, et des cris de bêtes sauvages qui vous déchirent le tympan.

Du coup j'ouvre les deux yeux et j'arme ma carabine.

« En avant, les chasseurs ! Feu à volonté ! A vos rangs, les hussards ! Chargez ! »

Et v'là le gâchis qui commence en grand.

Nous étions tombés dans une embuscade ; les Souahelia, que nous croyions nos amis, étaient des gueux finis. Ils s'étaient entendus avec Abd-el-Kader pour nous fourrer dedans, et nous y étions jusqu'au cou.

La lune était levée, et tout ce qui nous entourait était blanc d'Arabes. Les brigands sortaient de derrière les touffes de palmiers, de derrière les collines; il y en avait à jeter une épingle sans qu'elle touchât terre. Ils étaient près de vingt mille, et nous étions quatre cent dix, moins la compagnie laissée au marabout de Sidi-Brahim, et moins ceux que la première décharge venait d'envoyer « ad patres. »

Fallait pas s'amuser, vous comprenez. Au reste, pour être juste, faut avouer que le moment n'aurait pas été bien choisi.

Au premier choc des hussards, quinze étaient restés sur la terre et le commandant Courby de Cognord avait été démonté et blessé.

Il prend un cheval au hasard, il s'élance dessus et il ramène au feu le reste de ses hommes.

C'était beau à voir, allez, que ces quelques cavaliers aux uniformes français entrant comme dans du beurre dans les rangs arabes. Seulement ils entraient bien, mais ils ne sortaient plus !

Les Arabes étaient sur nous. On avait le temps de décharger son arme, de la recharger, de la décharger encore, lançant par-ci par-là un coup de baïonnette.

Nos officiers rugissaient comme des lions et se battaient que c'était à se mettre à genoux devant eux. Le colonel Montagnac surtout! Qu'il était magnifique! Le feu lui sortait par les yeux, par la bouche, par tout le corps.

Son sabre était rouge et le sang coulait dans la rainure.

Les Arabes criaient comme des ânes que l'on asticote; nous, nous ne disions rien, mais à chaque instant un camarade tombait et un autre roulait dessus.

Il faisait clair comme sur le boulevard un jour d'illumination, à force de brûler de la poudre.

Je ne sais pas comment ça c'était fait, mais je me trouvais au premier rang, derrière le colonel Montagnac.

Il avait déjà reçu deux blessures, mais il allait toujours son train, et les cadavres des Bédouins commençaient à nous servir de fortifications.

A côté de moi était le capitaine Gentil-Saint-Alphonse, un peu plus loin le capitaine de Géraux.

Le commandant Courby de Cognord faisait merveille avec sa poignée de hussards, mais tout d'un coup le voilà, lui et ses hommes, entourés par les Arabes.... nous ne les voyons plus.

« En avant! » que crie le colonel, aux hussards!

Nous avançons la baïonnette en avant. Le gâchis était de plus épais en plus épais.... mais nous ne trouvons pas le commandant.

Il était tombé horriblement mutilé, et les Arabes l'avaient emporté.

Vingt hussards restaient des soixante.

Le colonel les rallie et s'élance avec eux ; nous le suivons ; mais plus on tuait d'Arabes et plus il paraissait y en avoir.

Nous n'avions plus le temps de recharger nos carabines : on y allait à la baïonnette et à coups de crosse !

Tout à coup je sens une main qui m'empoigne au bras, des doigts qui me serrent, qui m'entraînent.... Je vas pour tomber, je fais un effort, je secoue la main qui me tenait, je me redresse, je me retourne et je vois ce pauvre capitaine Gentil-Saint-Alphonse qui venait de tomber la tête fracassée par la balle d'un pistolet arabe.

Je l'aimais, ce capitaine ! Le voir là, baigné dans son sang, ça me remue ! Je perds la tête et je me rue sur les Bédouins.

Oh ! j'en ai tué, allez ! j'ai vengé mon officier ! »

Ici, le zouave fit une pause. Son récit nous avait si vivement intéressés qu'il ne parlait plus que nous écoutions encore.

Le vieux soldat, ému par ses propres paroles et par les rudes souvenirs qu'il évoquait, passa sa main sur son front. Sa mâle physionomie expressive avait pris un caractère tout particulier : ses joues étaient rouges, son œil ardent et ses narines dilatées.

On comprenait combien cet homme disait vrai, lorsqu'il s'était écrié :

« Oh! j'en ai tué, allez! j'ai vengé mon officier. »

Nous respectâmes son silence et nous attendîmes. Au bout de quelques instants, il reprit :

« Le colonel Montagnac était couvert de blessures, et de ses vingt hussards il n'en restait plus que douze à cheval, dont un était Barbier, mon joueur de piquet du matin.

Jusqu'alors nous avions été en avant, toujours en avant; mais c'était fini, il fallait songer à la retraite, et il faut dire qu'il n'était que temps !

Notre brave colonel se mourait, et il lui fallait une crâne énergie pour résister encore.

« Barbier! qu'il dit en rassemblant ses forces, va-t'en, fais comme tu pourras pour traverser cette nuée d'Arabes, mais arrive sain et sauf au marabout de Sidi-Brahim, dis à Coste de venir à nous et vivement. »

Le maréchal des logis part : je ne sais pas comment il a fait, mais il a passé.

Pendant ce temps, le colonel nous fait former le carré.

« Mes braves chasseurs ! nous dit-il, tenez ferme ! vos camarades vont arriver ! Jurez-moi que personne de vous ne se rendra !

— Nous le jurons ! » que nous crions tous, et le carré est formé, et nos baïonnettes en avant nous recevons les Arabes ; mais la position n'était pas possible.

Il y avait trois heures que nous nous battions, trois heures que nous tenions contre les Bédouins. Oh ! que c'est long trois heures dans ces moments-là. Enfin, on bûchait dur sans sourciller.

Nos douze hussards soutenaient les charges des Arabes comme un vrai mur de ciment romain ; mais voici le désagrément, les cartouches commençaient à s'en aller, les gibernes étaient vides !

Les hommes tombaient sous la grêle des balles comme les épis sous la faux du moissonneur.

Non jamais, au grand jamais je n'ai vu pareille pluie de dragées de plomb, pire qu'à un baptême dans un village !

C'était un sifflement comme celui que le vent fait en ce moment dans la mâture, mais plus désagréable encore.

Enfin le brave colonel, qui se battait toujours, reçoit une dernière blessure : c'était la bonne. Il tombe, il se relève, et de sa voix affaiblie :

« Enfants ! nous dit-il, laissez-moi, mon compte est réglé ! Tâchez de gagner le marabout de Sidi-Brahim et faites-y une défense désespérée.... Surtout, rappelez-vous votre serment : que pas un ne se rende ! mourez tous, jusqu'au dernier !... »

Et il retombe, et il se roidit.... et il meurt !

Gueux d'Arabes, va !

Au même moment nous entendîmes une autre fusillade que la nôtre : c'était le commandant Coste qui arrivait avec sa compagnie.

Ça nous remonte.... Mais va te promener ! les Arabes étaient entre nous.

En abordant les réguliers d'Abd-el-Kader, le brave commandant, qui s'était élancé sur eux au pas de course, était tombé mortellement blessé et ses chasseurs criblés de balles avaient péri autour de son cadavre.

Sur les quatre cent dix, nous n'étions plus déjà que quatre-vingt-trois, et la chose n'était pas encore finie....

Pour être juste, faut avouer que ça ne pouvait plus durer longtemps. »

VI

Sidi-Brahim.

« Pour lors et de quatre, reprit le zouave après un nouveau silence, respecté par nous aussi religieusement que l'avait été le premier. Le capitaine de Géraux, le seul officier qui nous restât et qui avait déjà été blessé, nous rallie tant bien que mal.

« Chasseurs! qu'il nous crie, il n'y a qu'un moyen de s'en tirer; c'est de serrer les coudes et, la baïonnette en avant, de faire une trouée jusqu'au marabout. A vos rangs! »

Pour être juste, faut avouer que si nous n'étions

plus que quatre-vingt-trois, ces quatre-vingt-trois-là se battaient bien pour dix chacun. C'étaient les solides des solides, j'ose le dire, quoique j'en faisais partie. Jusqu'alors j'avais rien eu, mais ça ne pouvait pas tarder à venir.

Enfin, nous voilà massés, nous disparaissions au milieu des Arabes comme un grain de froment au milieu d'un champ d'épis ; mais n'empêche ! On accomplit un face en arrière avec un aplomb numéro un, et, sous une vraie toiture de balles, on pousse une pointe.

Le premier moment est dur, mais ça entre.... Alors on redouble, et enfin on gagne le marabout. Une fois à Sidi-Brahim, nous nous renfermons en croyant la chose finie, et en pensant qu'il n'y avait plus qu'à se croiser les bras ; mais va te promener ! Voilà mes gueux d'Arabes, plus acharnés que jamais, qui nous assiégent. Abd-el-Kader en personne naturelle commandait la manœuvre.

Pendant trois jours et trois nuits il fallut bûcher dur, sans dormir, sans se reposer, sans presque ni boire ni manger. Nous commencions à en avoir assez, cependant on allait toujours, et personne n'avait l'idée de mettre la crosse en l'air.

Enfin, le quatrième jour il n'y avait plus une goutte d'eau à boire ni une miette de biscuit à avaler. Quant aux munitions, bernique! gibernes vides. On se passe encore bien de boire et de manger pour se battre, mais de cartouches.... pas moyen! Du reste, nous n'étions plus que trente-deux.

« Au diable! que nous crions; mourir pour mourir, tâchons au moins d'essayer à rallier Nemours. »

Et là-dessus nous sortons du marabout, toujours la baïonnette en avant.

Je vous prie de croire qu'on ne s'amusait pas en route. Cré mille je ne sais quoi! quelle conduite nous faisaient ces gueux de Bedouins!

Nous emportions nos blessés. Ils étaient sept, et on les mettait sur ses épaules chacun son tour. Nous n'avions laissé que des cadavres derrière nous.

Enfin le soir, nous rencontrons la garnison de Nemours qui venait au-devant de nous. Enfoncés les Arabes!

Seulement nous n'étions plus que quatorze, et encore ces quatorze-là ne pouvaient compter que pour une demi-douzaine, vu que l'un avait une jambe avariée, l'autre un bras, l'autre la tête, etc. Vous comprenez?

Et puis, sur les quatorze, en voilà deux qui, en embrassant les camarades du 15° léger qui nous avaient sauvés, en voilà deux qui font la farce de se pâmer et de se laisser mourir de contentement. C'était bête, mais c'était comme ça.

Donc, le soir, à Nemours, les douze qui restaient de quatre cent dix étaient de planton à l'hôpital. De ces douze-là, j'avais celui d'être, comme vous comprenez, et je me réveillai, quelques jours après, avec la croix sur l'estomac. Voilà ! »

Le zouave s'arrêta encore. Cette fois il avait terminé son récit. Nous étions tous trois très-émus.

Le lendemain nous jetions l'ancre en face de Nemours, et le zouave nous faisait ses adieux. Je devais le revoir plus tard, et dans une circonstance assez critique pour que le souvenir de cette rencontre ne s'effaçât jamais de ma mémoire. Bientôt, cher lecteur, je vous raconterai cet épisode de mon voyage en Afrique; mais, pour le moment, il nous faut revenir au Lavoisier qui, après une heure de station pour remettre les dépêches, venait de reprendre la mer.

Au retour, il devait de nouveau toucher à Djemma-Ghazaouat.

Le temps était redevenu superbe, et nous filions à toute vapeur sans la moindre fatigue. Il y avait dix-huit heures que nous avions quitté Mers-el-Kébir, et le surlendemain nous étions en vue du rocher de Gibraltar.

Il est impossible de ne pas croire, quand on est

sur les lieux, que la Méditerranée n'ait été, à une époque qui ne doit pas être très-reculée, une mer isolée, un lac intérieur, comme la mer Caspienne, la mer d'Aral et la mer Morte, que quelque convulsion effrayante de la terre aura mis subitement en communication avec l'Océan.

Le spectacle qui se présentait à mes yeux était de la beauté la plus majestueuse: à droite l'Europe, à gauche l'Afrique, avec leurs côtes rocheuses, éclairées splendidement par les rayons lumineux, et revêtant dans l'éloignement des nuances lilas clair, vert d'eau, rose tendre, gorge de pigeon, comme celles d'une étoffe de soie changeante.

Nous étions en présence des colonnes d'Hercule, après lesquelles les anciens ne croyaient plus qu'à une immensité sans bornes. Calpé et Abyla se dressaient à notre droite et à notre gauche, l'une devenue depuis le rocher de Gibraltar, l'autre la montagne des singes; la première située à l'extrémité de la Sierra la plus méridionale de l'Espagne, la seconde formant l'extrémité occcidentale du petit Atlas.

Ces deux colonnes, ces deux montagnes se dressent en face l'une de l'autre et s'abîment toutes deux à pic dans la mer. C'est évidemment une seule et même montagne tranchée violemment du sommet à sa base par une révolution de la nature, que la légende mythologique attribue à l'un des travaux héroïques du dieu de la Force.

Que les deux continents aient été jadis soudés l'un à l'autre, cela est un fait incontestable et la vue du détroit de Gibraltar ne permet aucun doute à cet égard.

Tout ce qui est cap d'un côté est golfe de l'autre, et si à l'aide de quelque machine prodigieuse on pouvait opérer le rapprochement des deux rives du détroit, les deux rochers s'adopteraient l'un à l'autre comme le deux parties d'un fruit coupé par le milieu, et les deux côtes entreraient l'une dans l'autre comme les pièces de ces jeux de patience avec lesquels s'amusent les enfants.

Enfin, remarque non moins puissante et non moins décisive, des singes en liberté existent et vivent sur le rocher de Gibraltar et sur la montagne africaine, et ces deux montagnes sont les seules en Espagne et au Maroc où l'on rencontre ces animaux à l'état libre.

Je le répète : le spectacle qui se présentait à nous était d'une magnificence merveilleuse. En avant l'horizon se resserrait entre l'imposant défilé, au-dessus de nos têtes était un ciel de turquoise, sous nos pieds une mer de saphir d'une limpidité si grande, que l'on voyait tout entière la coque des bâtiments qui passaient auprès de la corvette, et qui semblaient plutôt voler dans l'air que flotter sur l'eau.

Nous nagions en pleine lumière, et la seule teinte sombre que l'on eût pu découvrir à la ronde venait de la longue aigrette de fumée épaisse que dégageait la cheminée du Lavoisier, et qui se déroulait derrière nous comme le long panache d'un casque de chevalier du moyen âge.

« Le bateau à vapeur est bien réellement une invention septentrionale, a dit l'un de nos plus spirituels écrivains ; son foyer toujours ardent, sa chandière en ébullition, ses cheminées, qui finiront par noircir le ciel de leur suie, s'harmonisent admirablement avec les brouillards et les brumes du nord. Dans les splendeurs du midi, il fait tache. »

Des frégates, des mouettes aux ailes blanches décrivaient au-dessus de la mâture des arabesques folles, s'arrêtant çà et là au milieu de leur course aérienne, tantôt pour se balancer à l'extrémité d'une vergue mobile, tantôt pour demeurer sur une patte sur la pointe extrême d'un matereau. Des thons, des dorades, des marsouins s'agitaient autour de la corvette, jouant, sautant, cabriolant sous les flots d'écume soulevés par les roues, puis tout à coup nous voyons ces poissons disparaître, se dispersant en fuyant de tous côtés et un requin nonchalant se prélassait dans notre sillage.

Nous avancions rapidement. Déjà le rocher se détachait nettement, découpant ses vives arêtes sur le fond du ciel et ressemblant à une grosse tache d'encre sur une jupe de taffetas bleu.

L'aspect de ce rocher a, pour ceux qui arrivent de la Méditerranée se dirigeant vers l'Océan, quelque chose de stupéfiant qui dépayse l'imagination. On ne sait plus où l'on est ni ce que l'on voit.

« Figurez-vous, écrivait Théophile Gautier lors de son voyage en Espagne, figurez-vous un immense rocher ou plutôt une montagne de quinze cents pieds de haut qui surgit subitement, brusquement, du milieu de la mer, sur une terre si plate et si basse, qu'à peine l'aperçoit-on. Rien ne la prépare, rien ne la motive. Elle ne se relie à aucune chaîne. C'est un monolithe monstrueux lancé du ciel, un morceau de planète écornée, tombé là pendant une bataille d'astres, un fagment du monde cassé. Qui l'a posée à cette place? Dieu seul et l'éternité le savent. Ce qui ajoute encore à l'effet de ce rocher inexplicable, c'est sa forme; l'on dirait un sphinx de granit énorme, démesuré, gigantesque, comme pourraient en tailler des Titans qui seraient sculpteurs, et auprès duquel les monstres camards du Karnak et de Giseh sont dans les proportions d'une souris à l'éléphant. L'allongement des pattes forme ce qu'on appelle la pointe d'Europe : la tête, un peu tronquée est tournée vers l'Afrique, qu'elle semble regarder avec une attention rêveuse et profonde. Quelle pensée peut avoir cette montagne à l'attitude sournoisement méditative ? Quelle énigme propose-t-elle ou cherche-t-elle à deviner ? Les épaules, les reins et la croupe s'étendent vers l'Espagne à grands plis nonchalents, en belles lignes onduleuses comme celles des lions au repos. »

En venant de la Méditerranée, on ne voit exactement que cette masse rocheuse, nue, aride, brûlée en été, mais couverte d'une végétation féconde et variée durant les pluies du printemps et celles de l'automne. Un isthme sablonneux, entièrement plat, invisible à l'œil depuis la mer et nommé le Terrain-Neutre, relie le rocher à la péninsule espagnole.

A mesure que nous approchions, le Lavoisier ralentissait de vitesse, non que sa machine fonctionnât plus lentement, mais parce qu'il avait à lutter contre ce courant terrible provenant de l'Océan, et qui rend si pénible l'accès du détroit.

La quantité d'eau que l'Océan déverse ainsi dans la Méditerranée est immense, mais lui est rendue par des courants contraires fonctionnant au fond du détroit.

Enfin nous doublâmes la Pointe d'Europe, et la corvette s'inclinant gracieusement sur le tribord, fit son entrée dans le golfe. Je ne me lassais pas d'admirer : le coup d'œil était de plus en plus féerique.

Maintenant nous avions l'Afrique derrière nous. A notre droite se dressait toujours la montagne creusée, minée, fouillée dans tous les sens, véritable arsenal, contenant dans son sein plus de six cent canons, obusiers, mortiers, des munitions de guerre pour soutenir un siége de trois ans, et enceignant ses pieds d'un double rang de batteries sous-marines, aux pièces rasant la mer de leurs gueules de bronze. Dans une anfractuosité du roc gigantesque on apercevait le port de guerre, au-dessus duquel se détachaient les arbres de la promenade, les cactus, les vernis du Japon, les palmiers mélangeant leurs feuillages et leurs rameaux aux branches des chênes et des sapins, et offrant le tableau du mariage de la végétation africaine avec la végétation européenne.

Plus haut, les lignes des batteries se confondant avec les rides du rocher, et de tous côtés des trous, des excavations hérissées d'une artillerie menaçante, mais dont l'effet est certes plus effrayant qu'il ne serait efficace, car ces batteries sont placées à une trop grande élévation pour que leur feu plongeant puisse être sûrement dirigé.

Plus haut encore est le piton connu sous le nom de
« Pain de sucre » et que domine la vigie avec tout
son attirail de mâts, de vergues, de cordages et de
pavillons.

Sur tout cela le drapeau de l'Angleterre se déroulant fièrement comme s'il eût été planté là après
quelque beau fait d'armes, au lieu d'y avoir été hissé
par surprise et au mépris du plus simple droit
des gens.

Plus loin, toujours à droite, au bas de la montagne et presque imperceptible, commençait à se
détacher la ville dont nous apercevions les premières
maisons, misérable détail perdu dans la masse imposante.

En face de nous s'arrondissait le fond du golfe avec
sa ligne de douane, ses coteaux fleuris, sa petite ville
de San-Roque, la possession espagnole la plus voisine de Gibraltar. Sur la gauche, coquette, provoquante, jolie, gracieuse, véritable bouton de grenadier de l'Andalousie, s'étalait Algésiras avec ses maisons blanches aux balcons verts grillés.

A l'extrême gauche Tarifa, à l'aspect arabe, Tarifa, cité mauresque qui semble s'avancer vers
Tanger pour lui donner un baiser d'adieu. Tarifa
l'africaine, aux femmes vêtues de haïck arabe, dis-

paraissait à demi sous le voile de vapeurs qui se dégageait de la mer.

Au fond du tableau, les montagnes de Grenade; au premier plan, les eaux bleues couvertes de navires de toutes sortes, de tous rangs et de toutes nations.

Je ne sais pas combien de temps le Lavoisier mit à parcourir l'espace liquide qui sépare la Pointe d'Europe de la rade placée sous les canons de la ville; tout ce que je sais, c'est qu'il me semblait n'avoir pu examiner qu'à demi le merveilleux spectacle qui absorbait toutes mes autres facultés au profit de ma vue.

J'étais véritablement en extase, lorsqu'une légère secousse ressentie par la corvette me fit revenir à moi. Nous venions de jeter l'ancre. J'étais appuyé contre les bordages du tribord; mes regards, en s'abaissant, rencontrèrent une légère embarcation qui se dirigeait vers nous.

Dans ce canot se trouvaient deux hommes en uniforme conduits par quatre rameurs. C'était la Santéi laquelle venait s'informer si, avant de nous laisser débarquer, nous n'apportions pas avec nous un peu de l'horrible choléra qui avait tout récemment désolé la province d'Oran.

Le chirurgien du bord prit la patente du Lavoisier et descendit les premières marches de l'escalier, tandis que M. Brignac demeurait sur le sommet.

Le canot accosta, et l'un des deux hommes tendit un instrument ressemblant, à s'y méprendre, à une paire de pincettes. Il prit la patente à l'aide de ces pinces d'une longueur démesurée, déplia le papier sans le toucher avec ses doigts et en le tenant à une distance des plus respectables de son individu.

Je déclare que la première qualité d'un chef du service de santé anglais est d'avoir la vue longue, car il est obligé de lire, toujours grâce à ses pincettes, à une distance de plus d'un mètre et demi.

Le monsieur examina gravement la patente. Nous ne laissions pas que d'être assez inquiets. La Santé, à Gibraltar, est d'un bégueulisme dont rien n'approche, et sur le moindre soupçon d'une indisposition légère, elle vous ferme au nez les portes de la ville déjà assez difficiles à se faire ouvrir.

« S'il nous rend la patente avec ses pincettes, me dit Castellane, nous sommes flambés. Il faudra arborer le pavillon jaune de la quarantaine et faire notre charbon sans seulement descendre dans un canot; mais s'il la prend avec ses doigts et la rend ainsi au docteur, nous pourrons ce soir coucher à Gibraltar.

— Une quarantaine! fis-je en soupirant. La chose manquerait de gaîté. Enfin, à la grâce de Dieu! »

J'achevais à peine cette réflexion, que mon compagnon poussa un cri de joie.

« Vivement! dit-il à un vieux maître; la yole à la mer et embarque les canotiers. »

La Santé venait de toucher de ses mains notre patente et daignait adresser au commandant quelques paroles de bienvenue. Notre patente était reconnue nette, nous avions le droit d'entrer à Gibraltar.

Deux minutes après, Castellane, Olivier, le chirurgien du bord et moi, nous nous installions à l'arrière de la yole que douze vigoureux canotiers enlevaient avec un ensemble des plus satisfaisants.

Le drapeau français, planté au-dessus du gouvernail, se déployait lentement sous la molle impulsion de la brise, trempant dans les eaux bleues du golfe les plis rouge de sa troisième partie.

VII

Gibraltar.

En sa qualité de navire de guerre français, le **Lavoisier** était mouillé loin en rade.

Il nous fallut plus de vingt minutes pour atteindre le môle, qui est tout simplement une énorme batterie cassematée, ornée d'embrasures dans toutes les directions où les canons abondent. Gibraltar pourrait à bon droit se nommer la ville des canons, car à peine y pénètre-t-on, que l'on se heurte à chaque instant le regard, la main ou le pied contre l'un de ces engins de destruction.

Au débarcadère, nous trouvâmes une sentinelle anglaise montant gravement sa faction entre une guérite confortable et une espèce d'ombrelle d'une construction des plus originales.

Cette ombrelle ou plutôt ce parasol, est un toit de paille plat, monté sur un mât et rendu mobile à l'aide d'un ingénieux mécanisme de cordage, qui permet au soldat de se tenir toujours à l'ombre. En voyant cet Anglais et son ombrelle, je pensai à nos vieux soldats d'Afrique et je ne pus m'empêcher de rire.

Gibraltar est d'un accès fort difficile pour les étrangers. Il faut subir une foule de formalités de police, accomplies avec une lenteur outrageusement agaçante ; et pour résider en ville plus de vingt-quatre heures, il est nécessaire d'être personnellement cautionné par deux habitants anglais.

Heureusement, je faisais provisoirement partie alors de l'équipage d'une corvette de guerre, j'étais avec des officiers du bord en uniforme, et j'eus l'honneur de passer aux yeux des autorités anglaises pour un membre de la marine française, ce qui m'exempta de toutes les difficultés d'entrée.

Nous franchîmes donc le pont-levis et nous pénétrâmes sur la place du marché, sur laquelle s'ouvre cette rue longue, bâtie entre le rocher et la mer et qui compose à peu près Gibraltar.

A peine avais-je fait dix pas que je m'arrêtai subitement. A qui arrive à Gibraltar, soit d'Afrique soit d'Espagne, la ville intérieure produit la sensation la plus désagréable. Sous ce ciel si beau de l'Andalousie vous retrouvez tout à coup la fumée du charbon de terre anglais.

Il y a une heure vous étiez en Espagne, il y a deux heures vous étiez en Afrique, maintenant vous voici en Angleterre. C'est à donner le spleen dès la première emjambée.

Gibraltar est un petit Londres avec ses maisons de briques entourées d'un fossé, aux portes bâtardes, aux fenêtres à guillotine, avec sa population roide, compassée, mécanique, avec ses soldats rouges au petit torse et aux longues jambes, avec ses boutiquiers frisés et ses policemen gras comme des moines de la Renaissance. Je ne sais rien de si laid que ce contraste de la prétendue civilisation anglaise avec la vie libre du désert et la vie galante de l'Andalousie.

Les femmes surtout, les Anglaises, à Gibraltar, produisent l'impression la plus pénible et la plus inattendue. La veille vous avez vu passer dans les rues d'Algésiras ou de Tarifa ces brunes Espagnoles avec leurs mantilles encadrant leur visage ovale, avec leurs cheveux noirs dans lesquels brille une fleur aux vives couleurs, avec leurs petits pieds chaussés de satin.... L'avant-veille, vous qui venez d'Afrique, vous avez contemplé la Mauresque drapée dans son haïck, s'en allant gravement, posant délicatement sa babouche constellée d'or sur le sable fin des rues de la ville arabe ; vous avez admiré cette démarche souple de la fille de Mahomet, vous vous êtes senti attiré malgré vous par ce coup d'œil fascinateur de la véritable Andalouse, et tout à coup, comme si vous étiez le jouet de quelque méchant génie, vous vous trouvez face à face avec une Anglaise aux cheveux roux, sur lesquels s'échafaude un horrible casque en carton recouvert de soieries de nuance éclatante.

Vous voyez de grands pieds mal chaussés dans de grandes bottines qui ont toujours l'air de courir devant une jupe bariolée. Oh ! que les filles de la Tamise font un pénible et vilain effet auprès des filles du Guadalquivir, auprès des femmes de Tanger, si justement réputé pour être la ville de la beauté par excellence.

Certes, nous ne voulons pas dire ici que toutes les Anglaises soient laides, et que la blanche Albion ne produise que des monstres féminins. Quand une Anglaise est jolie.... elle est jolie dans toute l'acception du mot; c'est comme lorsqu'un Anglais est poli, il n'y a personne au monde plus charmant ni plus aimable; mais allez faire un tour en Angleterre, lecteur, et, en revenant, comptez sur vos doigts combien vous aurez rencontré de l'une et de l'autre.... Vos deux mains suffiront largement pour établir le total !

Eh bien ! Gibraltar, comme ville, produit le même effet que ses habitantes comme femmes. En un mot, je le répète, on est à Londres. Or, quant à moi, je ne connais rien de plus laid que Londres, si ce n'est Manchester.

Donc, vous comprenez la désagréable désillusion que je ressentis en avançant dans la rue anglaise, aux maisons anglaises, aux boutiques anglaises et aux enseignes anglaises. Je regrettais la quarantaine ; et le dîner qu'on nous servit à l'hôtel Griffith me fit regretter plus amèrement encore le maître coq du Lavoisier.

Pendant le repas un charivari infernal nous déchira les oreilles : c'était la retraite que l'on battait sur des tambours et que l'on hurlait dans une cornemuse. Le lendemain matin nous commençâmes à parcourir la ville et nous entreprîmes de visiter les .ortifications.

Gibraltar, nom dérivant, suivant les uns, des deux mots arabes « djebel-tarif. » (Djebel, montagne, et Tarif nom du général maure qui vainquit le dernier roi des Goths); et suivant les autres, du mot également arabe « Djebelatàh, » c'est-à-dire « mont d'entrée. » Gibraltar est une ville complètement récente comme construction, mais dont l'existence, comme cité maritime, remonte presque aux commencements de la monarchie espagnole.

Fondée, croit-on, par les Maures, conquise par les chrétiens, elle a souvent été prise et reprise, et a subi nombre de fois toutes les horreurs d'un siége vigoureusement conduit et vigoureusement repoussé.

En 1333, Gibraltar était ville espagnole, lorsque les Africains, débarqués à Algésiras, vinrent l'assiéger. Vasco Pérez de Mayra commandait la place. Cet officier avait reçu des fonds pour munir Gibraltar d'armes et de vivres ; mais, ayant gardé l'argent pour ses besoins personnels, il avait laissé vides magasins et arsenaux. Vasco Pérez de Mayra, pris au dépourvu, fut obligé de rendre la ville et se sauva en Afrique pour éviter le châtiment de sa faute.

Furieux, Alphonse vint en personne assiéger Gibraltar ; mais le roi de Grenade le contraignit à lever le siége.

Repris plus tard par l'armée espagnole, Gibraltar, quoique considéré comme un point militaire très-important pour l'Espagne, n'avait jamais été mis sérieusement en redoutable état de défense. Les Anglais ne devaient rien laisser désirer à cet égard.

Ce fut en 1704 qu'ils s'implantèrent au sol espagnol, et voici dans quelles circonstances.

En 1704, l'Espagne était déjà en proie à ces malheureuses guerres de succession qui devaient la dévaster complètement depuis.

Lorsqu'en 1700 Charles II d'Espagne mourut sans héritier, il laissa par testament le trône des Espagnes et celui des Indes au duc d'Anjou, petit-fils de Louis XIV.

« Monsieur, dit le grand roi en présence de toute sa cour à celui qui allait être Philippe V, le roi d'Espagne vous a fait roi : les grands vous demandent, les peuples vous souhaitent, et moi j'y consens. Soyez bon Espagnol, c'est désormais votre premier devoir, mais souvenez-vous que vous êtes né Français ! »

Puis il ajouta :

« Mon fils ! Il n'y a plus de Pyrénées ! »

La nouvelle de l'acceptation du testament de Charles II fut reçue avec une grande joie en Espagne, mais avec une grande colère en Autriche. L'empereur, obligé toutefois de dissimuler son mécontentement (car lui aussi avait rêvé joindre à sa couronne impériale la couronne royale d'Espagne), l'empereur feignit de s'en remettre à la voie des négociations, mais, en 1701, lors du traité de la « Grande alliance, » c'est-à-dire lors de la ligue de l'Europe contre la France, la guerre de succession éclata avec une violence furieuse.

Fort heureusement pour Philippe V, ses sujets l'aimaient et détestaient le prince autrichien. Louis XIV avait envoyé au secours de son petit-fils, alors en guerre avec le Portugal, une petite armée française commandée par le maréchal de Berwick.

De leur côté, les Anglais débarquèrent avec l'archiduc 8,000 hommes de bonnes troupes. Au reste, les Anglais avaient leur intention : ils se jouaient de leurs alliés et comptaient bien faire, comme toujours, la guerre uniquement à leur profit.

Tandis que Philippe remportait de nombreuses victoires sur ses ennemis, tandis que le maréchal de Berwick arrêtait avec ses Français les forces triples réunies de l'archiduc et du roi de Portugal et les forçait à une fuite honteuse, la flotte anglaise essayait, mais en vain, de prendre Barcelone, agissant bien entendu pour le compte de son alliée l'Autriche.

Voyant sa tentative inutile, la flotte appareilla, et, au moment où l'on s'y attendait le moins, vint, toujours pour le compte de ses alliés, se présenter devant Gibraltar.

Le 1ᵉʳ août 1704, elle fit au gouverneur espagnol sommation de se rendre. Celui-ci refusa énergiquement et la place fut attaquée.

Malheureusement les fortifications de Gibraltar étaient alors dans l'état le plus délabré ; malheureusement encore la garnison, commandée par Diego de Solinas, se composait en tout et pour tout de 90 fantassins et de 30 cavaliers.

En peu de jours la formidable artillerie de la flotte eut ruiné les vestiges de fortification du môle. Les cent vingt assiégés, affaiblis par des pertes nombreuses, furent repoussés par des forces cent fois supérieures et se virent contraints à capituler.

Grande joie de l'archiduc, plus grande joie encore du duc de Darmstadt son représentant, lequel se trouvait à bord de la flotte et voulut naturellement faire arborer sur la ville conquise le drapeau de son maître, puisque c'était en son nom et pour lui que l'on combattait ; mais les Anglais firent quelques petites objections.

Mettant en pratique ce beau et excellent système qui leur a valu presque toutes leurs conquêtes, à savoir : « que ce qui est bon à prendre est meilleur à garder, » ils arborèrent leur propre pavillon à Gibraltar, et prenant la ville au nom de la reine, ils la gardèrent au nom de cette même reine.

« On n'est jamais si bien payé que par ses mains, » dit encore un proverbe dont nos voisins d'outre-Manche estiment fort l'application en politique. Aussi venus comme alliés d'un prétendant à la couronne d'Espagne, ils commencèrent à donner leur aide en s'appropriant une ville même de cette Espagne, ville que la paix d'Utrecht mit définitivement entre leurs mains.

N'est-ce pas là la fable des « marrons du feu ? »

Une fois en possession de ce boulevard de la péninsule ibérique, de cette clef de la Méditerranée, de ce verrou de l'Océan, les Anglais s'empressèrent de fortifier leur rocher avec un luxe et une abondance de canons et de moyens de défense dont aucune autre place au monde ne peut donner l'exemple. Ils pensaient avec raison qu'un jour ou l'autre, l'Europe reconnaissant sa sottise s'efforcerait de la réparer.

En effet, en 1778, lorsqu'éclata la guerre entre la

France et l'Angleterre à propos de la liberté conquise par l'Amérique, le cabinet de Versailles, invoquant le pacte de famille, détermina Charles III d'Espagne à prendre part aux événements. Celui-ci, qui désirait vivement reconquérir Mahon et Gibraltar, s'empressa de se mettre en campagne.

Au mois d'août 1781, une armée de 12,000 Espagnols, commandée par le duc de Crillon, s'empara de Minorque. Le général anglais Hurray, qui défendait le fort Saint-Philippe, se rendit le 4 février 1782, et resta prisonnier de guerre avec toute la garnison.

Après la conquête de cette île, les forces combinées de France et d'Espagne serrèrent de plus près Gibraltar, dont le blocus durait déjà depuis deux ans.

Le duc de Crillon prit le commandement de l'armée franco-espagnole qui s'élevait à près de 20,000 hommes, et bientôt le comte d'Artois (depuis Charles X) et le duc de Bouillon vinrent prendre part au siége en qualité de simples volontaires.

La possession anglaise sérieusement menacée, étroitement bloquée était dans une situation des plus critiques. Les vivres n'arrivaient aux assiégés que rarement et avec les difficultés les plus grandes. Bientôt le prix des aliments atteignit des chiffres réellement fabuleux.

Une tête de mouton se vendait 16 schellings (19 francs), un jambon 2 guinées (50 francs), des raisins secs et de la farine pour un poudding 5 schellings, un œuf 6 pences (60 centimes environ), un fruit 8 schellings, un petit pot de légumes 10 schellings. Quant au vin, on n'en trouvait qu'à des conditions exorbitantes.

Les juifs de Gibraltar, en rapport avec les contrebandiers espagnols depuis de longues années, avaient le monopole de la fourniture des vivres.

A cette époque, c'est-à-dire en 1782, habitait à Gibraltar avec sa femme, jeune et jolie Espagnole, un major anglais nommé Edwards. Ce major, que les préoccupations du siége ne pouvaient distraire de ses affaires particulières (ainsi que cela doit être pour tout bon Anglais qui se respecte); ce major résolut, en dépit des circonstances, de célébrer la fête de la naissance de sa chère et bien-aimée Carlota.

En conséquence il invita à dîner son ami et camarade le lieutenant Owen, jeune homme plein d'avenir et un des plus brillants officiers de l'armée anglaise. D'un esprit ferme, résolu, décidé, entreprenant, d'un caractère bon et généreux, Owen était toujours prêt à protéger le faible et à combattre le fort.

Ayant été voir des amis à Tarifa huit jours avant

les opérations du siége, il s'était tout naturellement trouvé dans l'impossibilité de venir rejoindre son poste à Gibraltar, et ce n'était que depuis une semaine que, grâce à un acte d'audace inouï, il était parvenu à s'échapper de Tarifa et à revenir auprès de la garnison menacée.

Le major Edwards, son service rempli, s'était occupé minutieusement des apprêts du dîner, n'oubliant pas de tirer de la cave deux bouteilles de champagne et une bouteille d'amontillado que lui avait envoyée jadis un ami, et un certain flacon de vieux rhum pour faire le punch, puis il avait donné ses ordres à une nouvelle servante qu'il avait prise depuis peu, et avait fait la sieste en attendant l'arrivée du lieutenant.

Celui-ci fut ponctuel comme un homme qui sait vivre et qui a grand'faim.

« Ah ! ah ! fit le major, vous êtes exact, cher ami ; tant mieux et merci ! nous serons plus longtemps ensemble. Dieu veuille seulement que notre nouvelle cuisinière ne soit pas trop maladroite !

— Qu'est donc devenue mistress Crignon ? demanda Owen en s'asseyant.

— Elle est malade.

— Et qui la remplace ?

— Voici l'affaire, mon cher Owen. Figurez-vous

que Joë Trigg, mon vieux domestique, a été mis par moi hier à la salle de police, et j'ai pris, en attendant qu'il en sortît, un homme du régiment que vous devez connaître, un nommé Bags, qui m'a recommandé sa femme, une excellente cuisinière, à ce qu'il dit et à ce qu'elle affirme ; mais, comme c'est aujourd'hui son début, je ne laisse pas que d'être un peu inquiet.

— Bags ! reprit Owen, attendez donc ; mais je le connais parfaitement : c'est un drôle, un sacripant, un coquin s'il en fut.

— Vraiment ?

— J'en suis sûr.

— Ma foi, j'en suis fâché ; mais je n'avais guère le choix, vous en conviendrez. »

En ce moment entra Carlota, la femme du major, une ravissante Andalouse de vingt ans qui aimait son mari à la folie, et en qui, par conséquent, l'amour avait étouffé tout sentiment patriotique.

Owen salua avec empressement la femme d'Edwards, laquelle lui rendit en échange un bonjour amical.

« Je voudrais bien, Carlota, que vous donnassiez un coup d'œil au dîner, dit le major. Il est trois heures et mon estomac est assiégé par la faim et la soif réunies, comme Gibraltar par les Français et les Espagnols.

— Si mi vida! répondit Carlota ; je vais voir à la cocina (cuisine). »

Carlota baragouinait agréablement un anglais mélangé de beaucoup d'espagnol, ce qui formait un délicieux galimatias auquel le major pouvait seul comprendre quelque chose.

La jeune femme disparut vivement.

« Nous avons un jambon magnifique, dit Edwards en confidence à son ami Owen ; un jambon superbe ; le seul peut-être qu'il y ait à cette heure dans tout Gibraltar. Ce qui me console, dans le retard du dîner, c'est qu'il vaut mieux qu'un jambon cuise trop que trop peu ; cependant je....

— Ah! Dios, caramba! Ven, ven, mi nino ! » exclama tout à coup une voix féminine, en exprimant à la fois la surprise, l'indignation, la colère et la terreur.

VIII

Mistress Bags la cuisinière.

Edwards et Owen se précipitèrent en même temps dans la cuisine.

Là ils trouvèrent Carlota les bras au ciel, le front rouge et la colère peinte sur le visage.

« Voyez la cuisinière ! » dit-elle aux assistants.

Mistress Bags, le nouveau chef, était assise devant le feu dans une pose digne, et avait, sur la table placée à côté d'elle, une bouteille de champagne débouchée et vide. La physionomie de mistress Bags respirait la béatitude, le bien-être intérieur et le contentement de soi-même.

Mistress Bags regardait fixement avec un sourire heureux, quoique parfaitement stupide, le jambon qui rôtissait ou plutôt qui grillait à la broche, car il était entièrement carbonisé d'un côté, tandis que l'autre offrait les tons rougeâtres de la viande crue.

Le tournebroche immobile et le feu des plus ardents expliquaient suffisamment ce phénomène de cuisson. Carlota se lamentait : la cuisinière continuait à se renfermer dans une dignité qu'aucun cri ne parvenait à ébranler.

« Juste ciel ! s'écria le major ; un si beau jambon !... le seul qu'il y ait dans tout Gibraltar ! »

Puis, se précipitant vers mistress Bags et la secouant violemment par le bras :

« Malheureuse ! continua-t-il, vous ne savez donc pas faire la cuisine ? »

Mistress Bags sourit dédaigneusement.

« J'ai vécu des années au sein des familles les plus distinguées, murmura-t-elle, et jamais.... au grand jamais.... »

La cuisinière s'arrêta pour reprendre haleine, bien qu'elle eût parlé fort lentement.

« Mais la bouteille de champagne est vide ! dit

Owen en riant. Un fameux cordon bleu, major ! Elle brûle un jambon et se rafraîchit le gosier avec votre vin de France ! »

Le major se baissa et ramassa une autre bouteille qui gisait sur le plancher et qu'il n'avait pas encore vue. Cette bouteille était vide comme la première. Edwards l'approcha de son nez et la flaira.

« Mon vieux rhum ! s'écria-t-il avec un ton de fureur croissante. Elle a tout bu !

— Mais il y a de quoi la tuer, alors ! dit vivement Carlota.

— Bags ! Bags ! hurla le major avec rage, où êtes-vous ?... Venez ici ! »

Un grognement sourd répondit à l'appel du major et une petit porte s'ouvrit dans un angle. Cette porte communiquait avec une sorte de lavoir.

Sur le seuil de cette porte se tenait, chancelant, un grand gaillard à la figure empourprée et d'une laideur remarquable. Un torse carré, mais d'une petitesse extrême, était emmanché sur deux jambes d'une maigreur inimaginable et d'une longueur telle qu'elles étaient devenues proverbiales parmi la garnison et avaient valu à leur propriétaire le sobriquet de Pincettes.

Cet individu était M. Bags, l'intéressant époux de la digne cuisinière.

Sur un signe du major il ébaucha quelques pas avec l'intention évidente de porter sa personne en avant, mais ses efforts n'aboutirent qu'à une dérivation complète de la ligne droite, et les jambes fléchissant brusquement à gauche, les épaules de Bags allèrent heurter la muraille située du même côté.

« Animal, triple brute, vous voici ivre comme un tonneau ! s'écria le major dont le calme était loin de revenir. Allez vite chercher le docteur !...

— Le.... doc....teur.... balbutia Bags ; mais.... major.... je me porte.... comme un.... charme....

— Eh ! il s'agit bien de vous, mauvais drôle ; votre femme s'est empoisonnée !

— Em....poi....sonnée....

— Oui ; elle a avalé toute cette bouteille de rhum; voyez dans quel état elle est ! »

Le fait est que mistress Bags paraissait avoir subi le sort de la femme de Loth et être changée en statue. Elle ne bougeait pas, n'entendait pas, ne voyait pas.

Bags s'approcha d'elle, se pencha et la regarda sous le nez.

« Oh ! fit-il en se redressant tant bien que mal, ne faites pas attention ; ce sont ses nerfs !

— Ses nerfs ! répéta le major.

— Oui.... elle a souvent de ces accès-là.... Ne

vous inquiétez pas, major, ne vous inquiétez pas....

— Non, ne vous inquiétez pas, répéta Owen en s'avançant. Je vous réponds, mon cher ami, que votre cuisinière n'a pas bu tout le rhum à elle seule ; ce drôle l'y a puissamment aidée.

— Eh bien ! alors, qu'ils partent à l'instant tous deux, répondit Edwards. Allons, Bags, emmenez votre femme !

— Elle peut effectivement s'en aller si on n'a plus besoin d'elle, dit le soldat avec dignité ; nous n'allons que là où on nous demande.... »

Et il s'approcha de son estimable moitié à laquelle il administra un énorme coup de poing dans le dos, sans doute pour l'engager à se remuer. Celle-ci se leva en faisant quelques difficultés, et, l'usage de la parole lui revenant tout à coup, elle commença à débiter, sur un ton criard, le propre panégyrique de ses qualités morales et culinaires.

« La picarilla no tiene verguenza » (la drôlesse n'a pas de vergogne) ! s'écria Carlota qui, après avoir au plus vite retiré le jambon du feu, était occupée à examiner le reste du dîner.

Les apprêts du repas étaient dans un état déplorable. Deux poulets, coupés en morceaux menus, bouillaient dans un pot en compagnie d'une tête de mouton ; et, sans doute afin d'économiser le temps, l'estimable mistress Bags avait ajouté dans la marmite les raisins et le riz destinés au poudding, regrettable mais hardie innovation dans l'art culinaire.

Tandis que Carlota s'efforçait de remédier autant que possible au désastre, Edwards et Owen se débarrassaient de Bags et de sa femme. Une demi-heure après, les convives oublièrent ce petit incident demi-comique, et quand, par les soins de Carlota, le dîner fut servi à peu près réparé, la bonne humeur revint sur tous les visages.

Cependant Edwards fit observer, tout en servant les morceaux de poulet, que les deux volatiles avaient dû, de leur vivant, être invalides, car en dépit des recherches les plus minutieuses, il ne parvenait à trouver que trois ailes, deux cuisses et un estomac, ce qui évidemment, pour deux poulets, constituait une bizarrerie des plus remarquables au point de vue de l'histoire naturelle.

(Dans la soirée, le phénomène fut expliqué par la découverte dans le lavoir des os accusateurs jetés là sans doute par Bags et son épouse.)

La seule bouteille de champagne demeurée intacte fut vidée en l'honneur de la fête de la maîtresse de la maison et le dessert fini, le couvert enlevé, le major mettait tout son savoir-faire à la confection d'un bol de punch, quand on heurta doucement à la porte de la maison.

« Entrez ! » cria Carlota.

Un pas léger et timide se fit entendre dans l'étroit corridor qui séparait la porte extérieure de celle de la salle à manger, et il y eut encore un autre petit coup frappé avec hésitation à cette dernière porte.

« Entrez ! » répéta Carlota.

La porte s'ouvrit et une jeune fille s'avança doucement dans la pièce.

« C'est Esther Lazaro ! fit Carlota en saluant la jeune fille. Venez, mon enfant, asseyez-vous et dites-moi vite ce qui vous amène. »

Esther Lazaro, plus connue dans Gibraltar sous le nom de la « Jolie juive, » était l'unique enfant d'un vieil Israélite de la ville que ses mille métiers, tous moins recommandables les uns que les autres, mettaient en rapports continuels avec la garnison.

Escompteur usurier, vendeur de meubles, brocanteur d'objets d'art, débitant de toiles, tailleur-fripier, marchand de chevaux, de porcelaines, d'orfévrerie, en deux mots acheteur et vendeur de tout ce qui pouvait se vendre et s'acheter, Isaac Lazaro était connu des habitants de la possession anglaise qui, quoique bien convaincus qu'ils auraient pu trouver meilleur marché ailleurs, n'en continuaient pas moins de l'honorer de leur clientèle, avec cette insouciance du militaire qui préfère être volé plutôt que de prendre la peine de chercher crédit auprès d'un autre marchand.

Depuis le siége, Lazaro faisait des affaires d'or, et l'on disait même qu'il possédait par devers lui, enfouies dans quelques magasins secrets, des immenses quantités de vivres et de provisions de toute nature, qu'il gardait en en niant l'existence, jusqu'à ce que la famine lui permît d'en exiger le prix qu'il voudrait en avoir.

Isaac jouissait de toute la laideur et possédait tous les vices dont on s'est plu généralement à doter ses coreligionnaires.

Esther offrait avec son père une opposition complète au physique comme au moral. Agée de quinze ans, âge qui, pour une juive espagnole, correspond aux limites de la majorité dans notre France, Esther était de taille moyenne, admirablement proportionnée. Elle avait la peau plus blanche que ne l'ont d'ordinaire les femmes de sa race, des yeux noirs pleins de vivacité et de douceur, une bouche de grenade épanouie, un nez fin, un menton rond et mignon, une expression de physionomie des plus gracieuses.

De splendides cheveux châtains (nuance fort rare

et par conséquent fort prisée en Espagne) se réunissaient en tresses épaisses au sommet de la tête, et encadraient son frais et charmant visage de leurs bandeaux opulents. Un pied d'Andalouse était attaché, par une mignonne cheville, à une jambe admirablement modelée.

Esther portait un costume d'une fantaisie bizarre, où la mode andalouse se mariait aux vêtements des juives africaines, et qui donnait un caractère tout particulier à sa remarquable beauté.

La fille de l'usurier juif était la favorite des dames de la garnison, qui souvent l'employaient à acheter pour elles maints petits objets à leur usage. Carlota particulièrement l'avait toujours traitée avec la plus grande bonté, et c'était cette bonté qui avait cette fois enhardi la belle Israélite.

Elle était venue, dit-elle timidement, pour implorer une grande faveur. Elle avait un petit chien qu'elle aimait beaucoup, qui lui venait de l'une de ses amies d'enfance morte depuis, et son père Isaac refusait de garder plus longtemps le pauvre animal, sous prétexte que les vivres étaient trop chers pour qu'on s'amusât à nourrir de pareilles créatures.

Esther venait donc supplier la signora Carlota d'accepter la petite bête et de daigner en prendre soin.

« Voyons-le ! » dit la jeune femme en ouvrant le panier que portait Esther.

Depuis l'entrée de la jolie juive dans la maison du major, le lieutenant Owen n'avait pas prononcé une parole. Il voyait Esther pour la première fois, car jusqu'alors le hasard ne l'avait pas fait rencontrer avec la fille de Lazaro, hasard que sa résidence forcée depuis de longs mois à Tarifa d'une part et les occupations si impérieuses du siége de l'autre expliquaient suffisamment, et il semblait frappé d'admiration en présence de la merveilleuse beauté de la ravissante enfant. Son œil ardent la contemplait avec une fixité singulière, et le rayon que dégageait cette noire prunelle enveloppait la jolie juive dans un flot d'effluves magnétiques.

« Il n'est pas joli, le pauvre petit Sancho ! » dit Esther en rougissant sous l'ardeur du regard d'Owen et en tirant de son panier l'animal qu'elle venait offrir à Carlota.

La fille du juif ne mentait pas en vantant peu la beauté de son présent. Sancho était un affreux roquet tacheté de noir et de blanc comme une pie, avec une queue dénudée, enroulée en trompette, mais dont la physionomie expressive dénotait une remarquable intelligence.

« J'aurais voulu pouvoir le garder dans ma

chambre, ajouta-t-elle, il aurait partagé mes déjeuners et mes dîners, mais mon père s'y est sévèrement opposé, et comme je le suppliais encore, il m'a battue....

— Battue ! répéta Owen en se levant brusquement.

— Oui, répondit timidement la jeune fille. Oh ! ce n'est pas le mauvais traitement qui m'a effrayée mais mon père m'a menacée, de tuer Sancho s'il le revoyait, c'est pourquoi je viens prier la signora....

— Donnez-moi ce chien, mademoiselle, interrompit vivement le lieutenant, je le garderai, moi, je le nourrirai, dussé-je partager avec lui mon dernier morceau de pain, et, le siége terminé, l'abondance revenue, je vous le rendrai, je vous le promets. »

Esther leva ses grands yeux vers l'officier. Une larme de reconnaissance brilla sous sa paupière, perla au bout de ses longs cils et glissa sur sa joue.

« Oh ! vous êtes bon ! » dit-elle en joignant les mains.

Le major et sa femme avaient assisté à cette petite scène sans mot dire : ils se regardèrent en souriant.

« Vrai chevalier de la Table Ronde ! murmura Edwards.

— Dites don Quichotte ! répondit en riant Owen, je le veux bien ; mais pour moi, je n'ai jamais trouvé le héros de la Manche aussi ridicule qu'on s'est plu à le présenter.

— Voulez-vous dîner, mon enfant ? demanda Carlota en se tournant vers Esther.

— Oh ! non, signora, grand merci ! fit la jeune fille en saluant pour prendre congé. Mon père ne sait pas que je suis sortie de la maison.... il faut que je rentre au plus vite, mais je m'en vais heureuse maintenant que Sancho est placé et que je suis certaine qu'il ne manquera de rien. Oh ! monsieur est bien bon !... répéta-t-elle encore en s'adressant à Owen, et mon cœur lui gardera une reconnaissance éternelle.

Puis prenant le petit chien, elle le baisa tendrement :

« Adios, Sancho ! adios ! balbutia-t-elle en pleurant, et remettant le chien à terre, elle salua et sortit vivement.

— Elle est charmante, cette jeune fille ! dit le major.

— Ravissante ! répondit Owen. Et elle est malheureuse ?

— Horriblement ! dit Carlota. Pauvre petite ! Elle a un cœur de reine ! »

Le jour où les petits événements que nous venons

de rapporter s'étaient passés à Gibraltar dans la maison du major Edwards était le 10 septembre 1782. Ce jour-là une agitation assez vive avait régné dans le camp des assiégeants établi à San Roque : les soldats se répétaient à l'oreille qu'une attaque décisive contre la place allait enfin avoir lieu.

Effectivement, le duc de Crillon, commandant général des forces combinées, et Ventura Moreno, le chef de la marine espagnole, avaient décidé que sous peu un grand coup serait tenté contre Gibraltar, en mettant à exécution le projet du chevalier d'Arçon, colonel de l'artillerie française.

Lorsque l'armée était venue bloquer Gibraltar, il avait été reconnu tout d'abord que cette place, rendue presque inaccessible par la nature et hérissée de tous côtés de canons anglais, ne pouvait être enlevée par les moyens ordinaires. Aussitôt des milliers de projets plus ou moins impraticables avaient été adressés au ministère espagnol.

Parmi les moins bizarres et les moins extravagants, il en existait un qui proposait de construire en avant des lignes de San Roque un immense cavalier qui, s'élevant plus haut que Gibraltar, lui eût enlevé son principal moyen de défense, en permettant aux batteries de foudroyer la ville de haut en bas.

IX

Isaac Lazaro.

Un autre imaginait de remplir les bombes d'une matière si horriblement méphitique qu'en éclatant dans la forteresse, elles auraient, par leurs exhalaisons, mis en fuite ou empoisonné les assiégés.

Enfin un ingénieur français de beaucoup de talent, le chevalier d'Arçon, dont nous venons de parler, proposa, lui, de construire des batteries flottantes recouvertes d'un épais blindage où l'humidité serait entretenue continuellement par un mécanisme fort ingénieux, en sorte que les boulets rouges devaient s'éteindre en perçant la première coque et ne faire aucun mal à la seconde.

Ce plan, supérieur à tous les autres présentés, finit par être adopté et on se mit à l'œuvre pour exécuter au plus vite douze batteries flottantes ou « prames, » destinées, d'après les idées de d'Arçon, à être groupées autour du vieux môle, qui paraissait être l'endroit le moins fort de la place.

Au commencement de septembre les travaux touchaient à leur fin et les douze prames étaient à l'ancre dans la baie d'Algésiras, où l'on s'occupait de leur armement.

Donc, le 10 de ce mois, tandis qu'Edwards, Owen et Carlota mettaient à la porte mistress Bags et son digne époux, tandis que le généreux lieutenant promettait de veiller sur Sancho, qu'il s'apprêtait à emporter chez lui, tandis qu'Esther, heureuse du sort assuré du roquet, rentrait furtivement au domicile paternel, tandis que le colonel d'Arçon apportait toute son attention à la perfection de ses batteries flottantes, le duc de Crillon, le comte d'Artois, le duc de Bourbon et l'amiral Ventura tenaient conseil dans la maison du général en chef.

« Vous le voyez, messieurs, disait Crillon en agitant un papier plié en forme de petit billet, il faut attaquer dès après-demain au plus tard.

— Mais, fit observer l'amiral espagnol, êtes-vous certain que ces renseignements ne sont pas trompeurs?

— J'en suis sûr. Van Dessel ne m'a jamais renseigné que de la manière la plus positivement vraie.

— Qu'est-ce que c'est que ça, Van Dessel? dit le comte d'Artois en bâillant, et en s'étendant tout de son long sur un canapé adossé à la muraille.

— Van Dessel, monseigneur, répondit le duc en s'inclinant, est, ainsi que j'ai déjà eu l'honneur d'en informer Votre Altesse Royale, un capitaine au régiment de Hardenberg, et servant en ce moment l'Angleterre.

— Qu'il sert effectivement à merveille, dit en riant le duc de Bourbon.

— C'est lui qui vous donne des renseignements sur la situation de l'armée anglaise? demanda encore le comte d'Artois.

— Oui, monseigneur.

— Alors, il est traître, espion?

Le duc de Crillon fit un signe affirmatif.

« Joli métier. C'est un misérable, que votre capitaine Van Dessel!

— Misérable ou honnête homme, il nous rend d'importants services, et je ferai observer à Votre Altesse que, dans la situation où nous sommes, nous devons être heureux de rencontrer de pareils êtres dans les rangs de nos ennemis.

— Enfin, qu'est-ce qu'il vous dit, votre espion?

— Il m'avertit par ce billet, qu'un contrebandier vient de me remettre, que lord Elliot, le gouverneur de Gibraltar, a reçu avis qu'une flotte anglaise, commandée par l'amiral Howe, était à la voile pour passer le détroit, amenant à Gibraltar de quoi ravitailler vigoureusement et abondamment la ville. Or, si ce ravitaillement a lieu, notre succès sera plus que jamais incertain.

— Eh bien! il faut l'empêcher d'avoir lieu ce ravitaillement, dit le comte d'Artois en bâillant de nouveau.

Le jeune prince, qu'un noble sentiment avait porté à venir prendre sa part de gloire dans l'entreprise qui attirait sur elle les yeux de toute l'Europe attentive, le jeune prince, habitué aux mollesses de Versailles, commençait à s'ennuyer fort à San Roque.

Indifférent comme un homme à qui tout avenir d'ambition est hermétiquement fermé (car, que pouvait-il espérer, lui le second frère de Louis XVI?), le comte d'Artois ne voulait pas, par amour-propre, abandonner le siége; mais, cependant, il maudissait au fond de son âme la longueur de ce siége interminable, et, coûte que coûte, il était disposé à pousser à un très-prompt, et surtout décisif résultat.

La proposition qu'avait faite tout d'abord le duc de Crillon, de livrer le surlendemain une attaque décisive, souriait fort à Son Altesse Royale. Seules, les explications du conseil de guerre l'ennuyaient profondément ; aussi, comme nous venons de le voir, n'y prenait-elle pas une part très-chaleureuse.

« Il n'y a que deux façons d'empêcher ce ravitaillement, dit nettement le général en chef : ou attendre la flotte de l'amiral Howe, l'attaquer et la couler ; ou en prévenir l'arrivée en donnant immédiatement assaut à la place.

— Je suis pour le premier avis, dit l'amiral espagnol.

— C'est-à-dire qu'il faut encore attendre ! s'écria le comte d'Artois avec une mauvaise humeur évidente.

— Monseigneur, attendre est le plus prudent.

— Et le plus ennuyeux ; n'est-ce pas, Louis ?

— Oh ! quant à moi, dit le duc de Bourbon, attaquez ou n'attaquez pas, peu m'importe ! Je commence à croire que nous n'en finirons jamais.

— Prenez garde, monseigneur, dit vivement le général ; de telles paroles, si elles étaient entendues, porteraient le découragement dans le cœur de nos meilleurs soldats.

— Que voulez-vous, monsieur le duc, répondit M. de Bourbon, je n'entends rien aux lenteurs de la guerre. Je suis pour l'action ; je l'ai prouvé et je le prouverai de nouveau. »

Effectivement, le jeune prince souffrait encore d'une blessure reçue dans une précédente attaque. Le comte d'Artois et lui, braves tous deux comme de véritables Bourbons qu'ils étaient, n'entendaient malheureusement rien à la tactique militaire ; jeunes, ardents et insouciants, ils n'admettaient la guerre qu'à la condition de se battre tous les jours.

Malheureusement encore le duc de Crillon était un peu beaucoup de cette école ; aussi combattit-il vivement la proposition de l'amiral espagnol, déclarant que prolonger l'attente était risquer de démoraliser l'armée.

Ventura Moreno fit en vain observer que sa flotte, jointe à celle de l'amiral français Guichen, pouvait empêcher toute communication avec Gibraltar ; que les batteries du chevalier d'Arçon n'étaient point entièrement terminées ; enfin que le moment n'était pas venu d'agir aussi énergiquement.

Malheureusement encore le prince de Nassau, esprit aventureux s'il en fut, et qui prenait au siége une part active, le prince de Nassau entra en ce moment dans le salon et joignit sa voix à celle du duc de Crillon, contre l'avis de l'Espagnol.

Le colonel d'Arçon, appelé, déclara qu'il n'était pas prêt, et que ne pas lui donner les quelques jours qu'il réclamait encore pour perfectionner son œuvre, était livrer l'attaque au hasard ; mais le colonel ne fut pas plus écouté que l'amiral, et l'attaque fut décidée pour le surlendemain, 12 septembre.

D'Arçon s'éloigna désespéré, et comme l'amiral espagnol essayait encore de ramener les chefs français à une résolution plus raisonnable :

« Si vous n'attaquez pas le 12, lui dit brutalement Crillon, vous serez un homme sans honneur !

— J'attaquerai ! » répondit simplement l'amiral, qui quitta le salon le front empourpré et l'œil plein d'éclairs.

Il était sept heures lorsque la conférence fut ainsi brusquement terminée.

Ce soir-là, le juif Lazaro était assis dans une sorte de comptoir, abrité derrière une cloison grillée, au milieu d'un énorme magasin encombré par une prodigieuse collection d'articles de toutes sortes, de toutes qualités, de toutes provenances, et formant un ensemble des plus excentriques.

Ici, c'étaient de vieilles chaussures achetées à des domestiques et qui formaient une véritable montagne

de cuir sali et exhalant une odeur fort peu agréable.
Là, c'étaient des meubles : commodes, bahuts, sophas, tables, siéges, lavabos, entassés les uns sur les autres et encombrant la boutique depuis le plancher qui pliait sous le poids, jusqu'au plafond que touchait cette pyramide de nouvelle espèce.

Plus loin, des balles de marchandises servaient de supports à des services complets de vaisselle de toutes couleurs. A droite, des bouteilles entassées, les unes pleines, les autres vides. A gauche, des tableaux, des statues, des plantes rares.

Dans une petite montre, des parures fausses, des verroteries comme en raffolent les sauvages. Dans une autre, des coquillages, des vieilles armes.

Pendus aux murailles, de vieux uniformes, des vêtements civils délabrés, des chapeaux défoncés, des épaulettes passées, des robes de femmes, des châles, des rideaux, des passementeries, des dentelles.

Sur une table, quelques provisions de bouche devant lesquelles s'arrêtaient les passants affamés, jetant sur les aliments des regards de convoitise.

Un escalier, qui descendait du premier étage à la cour intérieure de la maison, était également encombré d'objets divers, et la cour elle-même regorgeait de barriques, de ballots et de paquets.

Cette cour avait une porte sur la rue et une autre, solidement verrouillée, qui donnait accès dans un second magasin où, depuis plusieurs mois, personne autre que le juif n'avait mis les pieds.

Lazaro, le propriétaire de la maison, était un petit homme sec, à la figure amaigrie, aux yeux renfoncés, aux sourcils épais, à la peau jaunâtre, aux traits usés, rusés, blasés, comme le dit plus tard Figaro, et à la barbe rare.

Juif d'origine barbaresque, il portait un haut bonnet noir, une espèce de soutane de drap sans collet, hermétiquement boutonnée, un large pantalon de couleur claire, avec une ceinture nouée autour de la taille et des pantoufles jaunes.

Une paire de lunettes braquée sur l'extrémité de son nez pointu, il était en train de compulser avec ardeur un grand registre in-folio ouvert devant lui, lorsqu'une ombre s'interposa tout à coup entre le juif et les dernières clartés du jour qui commençait à disparaître pour faire place à la nuit.

Isaac leva la tête et vit devant lui un homme d'une quarantaine d'années, de haute taille, solidement campé sur ses jambes vigoureuses, à la barbe épaisse, au regard mauvais, à la bouche décolorée, aux cheveux d'une nuance qu'il était difficile d'apprécier, depuis que le gouverneur avait défendu aux troupes de se poudrer, vu la rareté de la farine.

Cet homme était porteur d'un uniforme de capitaine et paraissait admirablement connaître les êtres de la maison dans laquelle il entrait. D'un regard rapide il en explora tous les coins et recoins, puis il fit un geste d'impatience, comme quelqu'un qui ne rencontre pas ce qu'il cherche, et s'avança vers Isaac.

« Bonsoir, capitaine, dit le juif sans se déranger.

— Bonsoir, vieux fils de Judas! répondit le nouveau venu.

— Qu'y a-t-il pour votre service?

— Il y a que, comme toujours, j'ai besoin d'argent. »

Le juif secoua la tête.

« Oh! oh! fit-il, la chose est plus difficile que jamais.

— Est-elle impossible? demanda carrément l'officier.

— Hélas, oui, capitaine!

— Alors, il ne faut pas compter sur vous cette fois?

— Hélas, non!

— Votre coffre est donc vide?

— Eh! capitaine, comment s'emplirait-il par le temps de misère qui court?

— Misère pour les autres, mais richesse pour vous, père Isaac! s'écria l'officier en frappant sur le comptoir. A Gibraltar, l'argent qui sort de toutes les poches ne s'engouffre-t-il pas dans les vôtres? Mais ne parlons plus de cela, c'est inutile. Vous n'avez plus une livre chez vous, n'est-ce pas?

— Hélas, non, capitaine Van Dessel! dit le juif en soupirant.

— C'est bien entendu?

— J'ai dit la vérité.

— Alors, bonsoir, je vais renvoyer à Diego Albano, de Séville, la traite qu'il m'a fait passer.

— Ah! fit Isaac en paraissant prendre un vif intérêt à la situation du capitaine. Ah! que n'ai-je quelques fonds, je ne vous laisserais pas partir ainsi!... Renvoyer cette traite à Diego Albano, la meilleure maison de Séville, c'est très-fâcheux.

— Que voulez-vous que j'en fasse, puisque vous ne pouvez l'escompter?

— C'est malheureusement la triste vérité.... mais ... est-elle à longue échéance, cette traite?

— A un mois!

— Un mois!... » fit encore le juif en soupirant.

Le capitaine allait et venait dans la boutique qu'il paraissait, en dépit de ses paroles, fort peu empressé de quitter.

« Une grosse somme qu'il vous faudrait capitaine? demanda Isaac après un moment de silence.

— Quelque chose comme cinquante livres sterling, le montant de la traite, » répondit Van Dessel.

Lazaro soupira pour la troisième fois, mais ce soupir eut encore un caractère plus désolé que celui offert par les deux premiers. Il retourna à son gros registre, le fouilla, le compulsa, fit quelques calculs sur un bout de papier, puis revenant à Van Dessel :

« Impossible! impossible! répétait-il, et cependant je voudrais vous obliger et ne pas faire à Diego Albano l'insulte de refuser sa signature, mais ma bourse est vide, et c'est à peine, si en ayant recours à mes dernières ressources, je pourrais faire la moitié de....

— La moitié! interrompit brusquement le capitaine. Me croyez-vous donc si fou, que d'accepter ce marché?

— Alors, capitaine.... n'en parlons plus. »

Van Dessel fit un mouvement pour gagner la rue, Lazaro le salua poliment.

« Le mécréant va me rançonner ! » murmura Van Dessel et il s'arrêta.

« Voyons, Isaac, fit-il en se retournant. Avez-vous quarante-cinq livres, oui ou non ?

— Non ! dit le juif en remarquant le mouvement de l'officier.

— Alors, quarante ?

— Pas plus de vingt-cinq.

— Allez au diable ! je garde ma traite.

— Comme vous voudrez, capitaine. »

En ce moment un léger bruit retentit dans la cour et le petit pied d'Esther apparut sur les marches de l'escalier.

Van Dessel tressaillit. Sa figure s'empourpra et une expression étrange s'empara de sa physionomie qu'elle rendit encore plus laide.

La jeune fille entra dans le magasin: le capitaine fit demi-tour sur lui-même et se rapprocha d'Isaac.

« Trente-cinq livres ! dit-il en regardant Esther.

— Trente fit le juif après un moment d'hésitation. Six cents livres, argent de France !

— Convenu ! s'écria Van Dessel. Voici la traite.

— Voulez-vous l'argent tout de suite ? demanda Isaac en contenant l'extrême joie que causait à sa rapacité ce marché si avantageux.

— Non, répondit l'officier. Je suis de service cette nuit dans la galerie couverte du nord, et je ne veux pas emporter d'argent avec moi. On dit qu'on attaquera peut-être. »

En parlant ainsi, Van Dessel regardait toujours Esther, quand tout à coup, il la vit pâlir affreusement et chanceler.

« Qu'avez-vous donc, mademoiselle! » s'écria-t-il en se précipitant vers elle pour la retenir.

Esther se rejeta en arrière pour éviter le contact du capitaine.

« Je n'ai rien... balbutia-t-elle, absolument rien.

— Mais vous paraissez émue...

— Je pensais aux angoisses de ceux qui ont des parents ou des amis parmi les soldats.

— Vous feriez mieux de penser à ranger toutes ces marchandises! » dit brutalement Isaac.

Puis s'adressant à Van Dessel :

« Quand voulez-vous votre argent, capitaine? » demanda-t-il.

Van Dessel parut réfléchir.

« Je descendrai de garde demain à huit heures, dit-il, apportez-moi les trente livres à neuf heures chez moi.

— J'ai peur de ne pouvoir y aller, capitaine...

— Eh bien! fit Van Dessel avec une indifférence

affectée, n'avez-vous pas quelqu'un de sûr à envoyer à votre place? Si on m'évite la peine du dérangement, je donne une livre au porteur.

— Une livre! s'écria Isaac; on ira, capitaine, on ira. Ma fille elle-même vous portera ces trente livres, ces vingt-neuf livres, veux-je dire. Tu entends, Esther? demain matin, à neuf heures, tu seras chez le capitaine Van Dessel.

— Mais... mon père, balbutia Esther, la signora Carlota, la jeune femme du major, m'a recommandé d'être chez elle...

— Eh bien! Tu iras en sortant de chez le capitaine.

— Mais...

— Silence! je le veux. Elle ira, capitaine, soyez tranquille. Vous aurez votre argent demain.

— J'y compte, fit Van Dessel en lançant un dernier regard à Esther et en quittant la boutique.

— Une livre! une livre! s'écria le juif quand il se vit seul avec sa fille. Cela ne vaut-il donc pas la peine de se déranger, et ne connaîtrez-vous donc jamais le prix de l'argent?

— Mon père... commença la jeune fille.

— Silence! Vous obéirez! Une livre et vingt que je gagne au courtage... Cinq cent trente livres en argent de France! Ce capitaine est fou d'accepter cela! murmura Isaac en se frottant les mains. Il faut donc qu'il soit bien riche pour venir si souvent m'apporter des traites à escompter? Comment peut-il les avoir? Qui les lui envoie?... Il faudra que je le sache... Il y a peut-être une bonne affaire là-dedans... Il ne veut pas emporter l'argent ce soir... je comprends cela... Ah! s'il pouvait être tué cette nuit... il n'a pas de reçu .. »

Isaac en était là de ses réflexions lorsqu'il s'interrompit brusquement pour se retourner vers Esther.

Celle-ci, assise sur l'angle d'une caisse, paraissait plongée dans un monde de pensées, et ses lèvres tremblantes, ses yeux rougis, son front pâli dénotaient une violente agitation intérieure.

Isaac n'apporta pas la moindre attention à ces symptômes, qui cependant eussent dû éveiller sa sollicitude paternelle.

« Esther! dit-il brusquement, il faut que je vous parle tandis que nous sommes seuls. J'ai découvert qu'il se passait chez moi d'étranges choses... »

La jeune fille tressaillit.

« Qu'est-ce donc, mon père? dit-elle en s'efforçant de dominer l'extrême émotion qu'elle ressentait.

— Il se passe ici, répéta Isaac, quelque chose qu'il faut que l'on m'explique. »

Esther se prit à trembler.

« On me vole! s'écria le juif.

— On vous vole? répéta la jeune fille en laissant échapper un soupir de soulagement. Évidemment elle craignait d'autres paroles que celles que venait de prononcer son père.

— Oui, on me vole! dit Isaac.

— Qui donc cela, mon père?

— Le sais-je?

— Mais que vous a-t-on volé? de l'argent?

— De l'argent? s'écria Isaac. De l'argent! comment, malheureuse, tu supposes que l'on m'a volé de l'argent, et tu crois que je serais là aussi calme que je le suis? De l'argent? qui pourrait m'en voler d'ailleurs? Je n'en possède pas, vrai! vrai!... On m'a volé mes marchandises... on m'a soustrait trois pommes de terre.

— Trois pommes de terre! répéta Esther en pâlissant au point que l'on eût pensé qu'elle allait s'évanouir.

— Oui, trois pommes de terre! Il y en avait hier soir cent trente-neuf dans le sac, et ce matin il n'y en a plus que cent trente-six.

— Mon père, je ne sais... j'ignore... balbutia Esther en proie à un embarras manifeste.

— Il faudrait savoir! il n'y a que vous et moi dans cette maison, et... »

Isaac fut interrompu dans son enquête par l'entrée de deux nouveaux personnages. Ces personnages, que le lecteur connaît déjà, n'étaient autres que les très-respectables M. et mistress Bags.

X

Esther.

« Votre serviteur, mon cher monsieur Lazaro, » dit mistress Bags en ébauchant une gracieuse révérence, ainsi qu'elle en avait vu pratiquer (suivant son expression) dans les excellentes maisons où elle avait servi.

Isaac salua de la tête.

« Nous aurions, comme toujours, quelques petits articles à vous proposer, » continua la cuisinière.

Bags jeta autour de lui un coup d'œil inquisiteur.

« Ces articles, dit-il à voix basse en s'avançant, nous ont été légués par un de nos amis, dont la perte douloureuse et récente nous affecte encore beaucoup en ce moment, et, sans les circonstances actuelles, il est certain que nous ne consentirions pas à nous séparer de ces souvenirs que...

— Montrez-moi cela, et dépêchez-vous! » interrompit Isaac avec un mouvement d'épaule qui signifiait clairement qu'il se préoccupait peu de la provenance des articles proposés.

Mistress Bags sortit de dessous le vieux châle qui lui couvrait le dos, une casserole de cuivre, deux petits pots en faïence, quatre couteaux de table, deux fourchettes et une cuiller en argent.

Esther qui, dans ce moment, passait près de la table sur laquelle mistress Bags venait de déposer ces différents objets légués par l'ami de son mari, Esther jeta par hasard un coup d'œil sur les couverts, et reconnut, gravées sur l'argent, les armes de la famille du major Edwards.

« N'achetez rien, mon père! dit-elle vivement en langue espagnole. Cela a été volé!

— Mêlez-vous de vos affaires! » répliqua le vieux juif d'un ton si courroucé que la jeune fille se tut immédiatement et s'éloigna.

Mistress Bags, tout en causant avec Isaac, tout en

lui présentant les objets qu'elle désirait vendre, n'avait pas perdu Esther des yeux un seul instant. Elle et son digne époux examinaient la pauvre petite avec une attention égale à celle manifestée quelques moments plus tôt par Van Dessel, mais l'expression de la physionomie des deux vendeurs ne ressemblait pas à celle de la figure du capitaine, alors que son regard avide dévorait la fille de Lazaro.

Isaac avait pris la casserole, les couverts, les poteries, et il examinait, regardait, pesait, estimait le tout avec un soin dont rien n'aurait pu le distraire.

« Pour ceci, dit-il en désignant la casserole, nous disons : une livre de riz; pour ces poteries, une livre de bœuf salé et pour ces couverts, quatre schellings !

— Quatre schellings! s'écria Bags.

— Quatre schellings! répéta mistress Bags, laquelle pendant le cours de la prisée faite par le juif n'avait contenu qu'à grande peine l'indignation que soulevaient les offres médiocres d'Isaac. Quatre schellings; mais cette casserole est toute neuve, mais ces poteries sont superbes, mais ces couverts sont en argent...

— Plaqué, interrompit Lazaro.

— Plaqué! vociféra mistress Bags; allons donc ! j'ai vécu des années dans les familles les plus distinguées et les plus recommandables, et je sais ce que c'est que le plaqué comme ce que c'est que l'argent. Je suis restée trois ans chez sir Georges Milson de Pidding-Hill, où tout était en argent massif, rien qu'en argent, jusqu'aux boutons des portes, et je puis dire que mistress Milson était une excellente femme, à preuve qu'elle m'a donné bien des robes en sa vie... Je suis restée aussi chez...

— Prenez ce que je vous offre, ou enlevez-moi cela, interrompit encore Lazaro sans se laisser le moins du monde influencer par la kirielle de services domestiques énumérés par mistress Bags.

— Vous ajouterez bien quelque chose, dit le soldat.

— Rien, répondit nettement Isaac.

— Une robe pour moi, demanda mistress Bags.

— Pas même un morceau de chiffon.

— Mais...

— Rien !...

— Cependant...

— Un paquet de tabac pour vous, Bags ; c'est tout ce que je puis faire.

— Donnez donc, dit Bags en soupirant.

— Joli marché ! murmura mistress Bags en empochant les quatre schellings, et en enfouissant dans son sac la livre de riz et la livre de bœuf salé, tandis que son mari portait le paquet de tabac à son nez pour en déguster le parfum.

— Maintenant, débarrassez mon magasin, dit Isaac.

— Au revoir, cher monsieur Lazaro. A une autre fois, » répondit mistress Bags.

Et le couple charmant s'éloigna à l'instant où un autre soldat de la garnison entrait timidement dans le magasin du juif.

« Le capitaine a raison, murmura Bags à l'oreille de sa femme; elle est fort belle, la fille du juif.

— Elle vaut de l'or pour nous, ajouta mistress Bags.

— Donc, il faut nous charger de l'affaire.

— Oui, mais toucher auparavant des avances.

— Sans doute, Bags ; pas d'argent pas d'aide.

— Van Dessel sera généreux.

— D'autant plus que je sais bien des choses sur son compte, et, si j'allais raconter à lord Elliot la conversation que j'ai entendue la nuit dernière entre le capitaine et le contrebandier espagnol...

— Chut! dit vivement Bags: tu sais bien que si tu faisais fusiller Van Dessel, tu me ferais pendre du même coup...

— C'est bien ce à quoi je songeais, » pensa mistress Bags; mais elle n'osa formuler hautement sa pensée.

Tous deux s'arrêtèrent à l'angle d'une ruelle voisine, et se mirent à causer à voix basse.

Le soldat qui venait de pénétrer chez Isaac ne ressemblait nullement à Bags. C'était un malheureux exténué par la faim, comme le disaient assez ses joues creuses et l'expression lugubre de son regard.

Il s'approcha du comptoir, et, d'une main tremblante, il déplia une vieille robe qu'il tendit au juif.

« Cela ne peut pas faire mon affaire, lui dit celui-ci après avoir examiné rapidement le vêtement délabré qui lui était offert.

— Mais, dit le soldat, ma femme n'en a pas d'autre...

— Alors, gardez cela!

— Mais nous avons faim, nous et nos enfants. »

Isaac ne daigna pas répondre.

« Mais, s'écria le soldat d'un ton désolé, c'est là tout ce que nous avons à vendre ; il faut bien que vous nous l'achetiez. »

Isaac haussa les épaules et se contenta de repousser du geste le soldat sans répondre.

« Je vous jure que nous n'avons pas autre chose, foi de Mitchel! répéta le soldat, comme s'il supposait que cette circonstance donnerait à la malheureuse défroque autant de valeur aux yeux du juif qu'aux siens.

— Je vous dis que je n'en veux pas! s'écria Isaac d'un ton bourru.

— Donnez-moi seulement un pain en échange ou une livre de pommes de terre, dit Mitchel; c'est plus que ma femme et mes quatre enfants n'ont eu à manger à eux tous depuis deux jours. Une demi-ration à partager entre six! Comment vivre avec cela?

— Une livre de pommes de terre vaut quatre réaux et demi, répondit Lazaro en ricanant, et la robe de votre femme ne vaut pas même un réal.

— Prenez ceci alors, fit le soldat d'un ton désolé et en se dépouillant avec un mouvement fébrile de son habit d'uniforme. Il vaut mieux tout risquer que de laisser mourir sa femme de faim!

— Acheter des effets militaires appartenant au gouvernement anglais! s'écria Isaac. Êtes-vous fou? Me croyez-vous donc assez sot pour me mettre une pareille affaire sur les bras? »

Mitchel frappa violemment du poing sur la table.

« Alors, dit-il, donnez-moi ou prêtez-moi de quoi manger, peu ou beaucoup, ce que vous voudrez, et je travaillerai pour vous toutes les heures que mon service me laissera libre, jusqu'à ce que vous vous jugiez payé. Je vous le promets, monsieur Lazaro, je vous le promets devant Dieu!

— J'ai autant d'ouvriers qu'il m'en faut, répondit Lazaro ; je n'ai pas besoin d'en prendre davantage. Revenez me voir quand vous aurez quelque chose à me vendre. »

Sans dire un mot, Mitchel fit un paquet de la robe, et, l'élevant au-dessus de sa tête, il la lança avec force dans le coin le plus éloigné du magasin. Il se retirait déjà brusquement, quand, par une réflexion soudaine et comme pour ne pas renoncer à cette dernière chance de salut, il revint sur ses pas, ramassa son paquet, et, le mettant sous son bras, il sortit à pas lents, comme s'il espérait encore être rappelé ; aucune voix cependant ne se fit entendre derrière lui ; mais il n'était pas plutôt parti qu'Esther s'était levée et avait, sans bruit, descendu l'escalier. Elle rattrapa le soldat sous la porte de la rue, qui, comme nous l'avons dit, s'ouvrait sur la cour, et lui frappa légèrement sur le bras.

Mitchel se retourna et la regarda fixement.

« Quoi! s'écria-t-il, il consent à l'acheter?

— Chut! dit Esther, gardez-la pour votre pauvre femme. Tenez, je n'ai pas d'argent, mais prenez cela. »

Et elle lui mit dans la main deux boucles d'or

qu'elle venait de détacher à la hâte de ses oreilles.

L'homme resta un instant à la regarder, interdit, sans oser fermer la main ; puis, revenant soudain de sa surprise, il jura, les larmes aux yeux, qu'en retour d'un pareil service il n'y avait rien au monde qu'il ne fît pour la jeune fille. Mais Esther le pria simplement de s'en aller bien vite et de ne rien dire, de peur que son père n'apprît ce qu'elle venait de faire ; car certainement il se fâcherait contre elle.

Mitchel renouvela encore ses remercîments avec une chaleur d'expressions prouvant la réalité de sa vive reconnaissance ; mais, sur les nouvelles instances de sa jeune bienfaitrice, il quitta la cour de la maison du juif Lazaro.

Esther se retourna pour rentrer à son tour, mais elle demeura comme fascinée ; sa scène avec Mitchel avait eu deux témoins, et ces deux témoins, que n'avaient pu voir la jeune fille ni le soldat, cachés qu'ils étaient dans l'ombre, ces deux témoins, Esther venait tout à coup de les apercevoir.

C'étaient Bags et sa femme : tous deux étaient revenus sur leurs pas, et, trouvant entr'ouverte la porte de derrière de la maison, porte qu'Esther n'avait pas songé à refermer à son retour de sa visite chez Carlota, ils avaient pénétré dans la cour.

Là, s'appuyant contre un tonneau debout, ils s'étaient établis dans un coin pour empaqueter plus commodément les denrées qu'ils venaient de recevoir des mains de Lazaro, et, ainsi que nous l'avons dit, ils avaient assisté sans mot dire à la scène touchante qui venait d'avoir lieu, scène qui, personnellement, ne les avait nullement émus.

Dès qu'à la prière d'Esther le soldat eut disparu, Bags s'avança.

« Et votre père serait fâché contre vous vraiment, ma belle enfant? dit-il.

— Oh! bien fâché!... Oh! oui : ne m'arrêtez pas, je vous en prie, dit-elle en essayant de passer.

— Et qu'est-ce que vous me donnerez maintenant pour ne pas le lui dire? demanda mistress Bags. N'avez-vous rien pour moi?

— Non, oh! non, rien, je vous jure; je vous en prie, laissez-moi passer!

— Si, vous avez quelque chose; vous avez ceci, » dit Bags en arrachant un peigne d'argent qui reluisait sur la tête d'Esther, dont les longs et noirs cheveux se déroulèrent.

Esther, surprise et épouvantée de l'action du soldat, poussa un cri étouffé et se sauva.

Par bonheur, Isaac alors occupé sur le seuil de sa boutique, n'entendit pas ce cri.

« A présent, dit M. Bags, en examinant sa prise,

je crois que moi et ce vieux voleur de juif nous voilà quittes. Qu'il dise ou non à cette heure que la fourchette est en argent ou en plaqué, je m'en moque comme de lui-même.

— Oui, dit mistress Bags, mais ce dont je ne me moque pas, moi, c'est de la récompense que nous a promise le capitaine si nous réussissions et il faut réussir.

— Nous réussirons, femme! répondit Bags avec assurance.

— Nous réussirons, nous réussirons, grommela la respectable épouse du soldat d'un air de doute, c'est ce qu'il faudra voir. La chose n'est pas si facile : la fauvette se laissera difficilement pincer, et vous avez une singulière manière de vous faire bien venir.

— Comment?

— Vous lui arrachez son peigne!

— Mais ce peigne est d'argent!

— Je le sais bien.

— C'est une bonne affaire!

— Je ne dis pas, mais on l'aurait eu après.... on avait le temps. Maintenant elle aura peur de nous, et nous aurons plus de peine à en venir à bout.

— C'est bon! c'est bon! dit Bags en haussant les

épaules, on verra. Ce n'est que pour demain soir, et d'ici là, qui sait ce qui peut arriver... J'ai toujours bien fait de prendre ce peigne qui vaut largement une demi-livre. Il faut toujours prendre quand on le peut.

Et sur cette conclusion philosophique et éminemment consolante, le digne couple sortit de la maison et se dirigea vers la basse ville.

La nuit était fermée depuis longtemps et la maison de Lazaro paraissait plongée dans un profond silence.

Il était près de minuit.

Tout à coup une ombre se glissa par la porte de derrière de la maison du juif. Cette ombre timide et légère parut frôler le sol plutôt que marcher dans la rue déserte. Elle hésitait, elle semblait inquiète......
Enfin, arrivée au coin de la rue et sur le chemin des batteries hautes, elle disparut....

XI

La Flotte.

Le lendemain de grand matin (c'était la veille même du jour fixé par le général français pour la grande attaque), le lendemain le bruit se répandit dans la ville qu'une flotte anglaise était en vue.

La nouvelle agit comme un courant électrique sur la population affamée.

Les spectres décharnés qui, la veille, erraient misérablement par les rues, se précipitaient hors des maisons avec une étincelle de vie dans leurs yeux caves. Le mur d'enceinte, du côté de la mer, était garni de curieux attendant la venue de ce secours tant désiré.

Les rues devinrent tout à coup désertes. Ceux qui ne pouvaient pas quitter leurs logis grimpaient sur les toits; mais la masse de la population se répandait sur le rempart, sur la Grande Promenade de l'Alameda, et sur les différentes rampes du Rocher. Des Maures, des juifs, des Espagnols, des Anglais, des citoyens et des soldats, des hommes, des femmes, des enfants de tous âges et de toutes les nations se pressaient indistinctement sur tous les points d'où l'on pouvait apercevoir la mer.

Pendant quelque temps, un épais brouillard, qui enveloppa le détroit et l'entrée de la baie, empêcha de rien voir. Des murmures s'élevaient chaque fois qu'un nouveau flot de peuple se succédait sur le mur d'enceinte. Un doute sinistre commençait à circuler. Au sommet du Rocher flottait bien, au mât du Middle-Hill, le pavillon qui signale une flotte; mais là, comme dans toutes les foules, se trouvaient des esprits peu crédules qui ne pouvaient se défendre de noirs pressentiments. Beaucoup se précipitèrent vers la station des signaux, incapables de supporter plus longtemps l'incertitude de l'attente.

Dans la foule on pouvait remarquer le juif Isaac Lazaro, qui attendait l'événement avec des regards inquiets, bien que son anxiété eût une tout autre cause que celle de la plupart des spectateurs.

Le juif calculait que l'arrivée d'un convoi de vivres ferait baisser le prix des provisions et, par conséquent, la somme de ses bénéfices.

A quelques pas de lui était une vieille Génoise, les épaules couvertes du manteau rouge bordé de velours, que portent ces Italiennes à Gibraltar. Elle tournait autour des groupes, levant tantôt un bras, tantôt l'autre, tantôt écartant de la main les têtes de ses voisins, pour tâcher d'apercevoir quelque chose avec ses yeux à demi éteints sous son capuchon noir ; ses traits, amaigris par les privations, prenaient une expression farouche ; on eût dit une louve affamée. De temps en temps, elle sortait une main de dessous son manteau, regardait quelque chose qu'elle serrait dans ses doigts crispés, murmurait quelques paroles et cachait son trésor.

Cette manœuvre intrigua vivement le major Edwards et son ami Owen. Ils s'approchèrent doucement pour voir, dès qu'il reparaîtrait, l'objet qui occupait si bien la pauvre femme. C'était une vieille croûte de pain bleuâtre et moisie.

Enfin, le spectacle tant attendu commença à se dessiner plus nettement. A mesure que le soleil gagnait en force, le brouillard montait graduellement vers le ciel comme la toile d'un vaste théâtre.

Alors s'éleva dans les airs un cri immense, un cri d'espoir et de bonheur. Des larmes de joie coulèrent sur tous ces visages hâves et sombres : chacun se retournait vers son voisin, lui souriant comme à un vieil ami, et un murmure joyeux circula parmi cette population naguère si morne. La tour des signaux venait d'indiquer une flotte anglaise! une flotte de ravitaillement!

Amis et parents se recherchaient dans la foule, on se serrait les mains, on s'embrassait, l'allégresse éclatait furieuse de tous côtés.

La vieille Génoise surtout était dans un état difficile à décrire. Quand la pauvre femme avait entendu les hourras de la foule, elle s'était frotté les yeux du revers de sa main décharnée; la narine gonflée et la bouche béante, elle avait, elle aussi, interrogé les vagues; mais n'ayant pu rien voir, elle secouait la tête d'un air de doute. Alors, arrêtant au passage un Espagnol, elle le saisit par le bras :

« Es verdad? por Dios, es verdad? s'écria-t-elle; jura! jura! (Est-ce vrai? au nom du ciel! est-ce vrai? jurez-le, jurez-le!)

— Si, si! » dit l'Espagnol en lui montrant les navires qui commençaient à se dessiner dans la masse du brouillard et dont la mâture se distinguait comme une forêt lointaine. « Es verdad. » (Vous pouvez les voir vous-même.

Aussitôt la vieille tira, pour la dernière fois, sa précieuse croûte de pain et se mit à la dévorer, en murmurant à chaque bouchée :

« Mas manana! manana! » (Demain, j'en aurai davantage!)

Mais à peine ces mots s'échappaient-ils de la bouche de la Génoise, à peine la foule heureuse et transportée laissait-elle épancher sa joie la plus vive, qu'un cri de douleur plus immense encore que n'avait été le cri de joie déchira toutes les poitrines et s'éleva, effrayant, dans les airs.

Le brouillard venait de se dissiper et la flotte apparaissait dans toute sa majesté, mais chaque bâtiment portait à sa corne le pavillon de France. Ce n'était pas un ravitaillement qui arrivait à Gibraltar, c'était un secours qui survenait aux assiégeants.

La foule, consternée, laissa succéder au cri de détresse un silence profond. Tous ces visages, tout à l'heure épanouis par l'espoir, étaient devenus mornes et abattus par la réalité. La vieille Génoise surtout, la pauvre femme qui venait de manger probablement son dernier morceau de pain, était effrayante de déception et de désespoir.

Isaac seul se frottait les mains, et son œil gris

lançait un joyeux éclair : il voyait déjà le prix des denrées augmenter au profit de sa caisse.

Edward et Owen se quittèrent : Edward pour aller aux batteries basses, Owen pour rentrer chez lui avant d'aller reprendre son service.

Le capitaine Van Dessel ne s'était pas montré au milieu de la foule. Descendant sa garde le matin même, il était au plus vite rentré chez lui. Peu lui mportait, il paraît, l'arrivée d'une flotte amie ou ennemie.

Il devait, on se le rappelle, recevoir à neuf heures la visite de la fille de Lazaro, laquelle devait lui apporter, sur l'ordre de son père, l'argent de la traite escomptée la veille par Isaac.

Effectivement, à l'heure dite, Esther, craintive et hésitante, frappait timidement à la porte de l'officier.

« Entrez ! » cria Van Dessel.

Esther tourna la clef dans la serrure, poussa la porte et entra. Van Dessel était debout devant elle. Le capitaine, avant de refermer la porte, eut soin d'en retirer la clef.

« Voici l'argent, monsieur, dit Esther inquiète de ce mouvement et en mettant précipitamment sur une petite table les livres sterling qu'elle tenait dans sa main.

— Merci, ma belle enfant, répondit Van Dessel ; mais vous savez que je dois une récompense à votre amabilité et à votre complaisance.

— Mon père a gardé la livre promise, dit vivement Esther en rougissant de honte à ce souvenir.

— Ah! ah! fit l'officier; mais le vieux juif gardera la livre pour lui, et je n'entends pas que vous soyez privée du cadeau que je vous destinais.

— Je n'ai rien à recevoir.... capitaine... laissez-moi! s'écria la pauvre enfant en dégageant brusquement sa main que Van Dessel avait prise.

— Allons! allons! petite farouche, dit l'officier dont le visage cramoisi et les yeux ardents effrayaient la jeune fille.

— Laissez-moi, vous dis-je, monsieur le capitaine! Mon père m'attend, il faut que je rentre.

— Bah! bah! Isaac est sur les remparts avec tous ces imbéciles qui croient à l'arrivée d'une flotte anglaise. Personne ne s'occupe de nous, ma belle, restez donc un peu près de moi que je vous dise combien vous êtes charmante..... combien vous êtes jolie....

— Monsieur!... monsieur!...

— Combien enfin je vous aime ! »

Et l'audacieux capitaine, saisissant Esther dans ses bras, voulut lui donner un baiser.

La jeune fille poussa un cri et se débattit violemment. Brutal et incapable de respect pour une femme, Van Dessel mit sa large main sur la bouche d'Esther pour étouffer ses cris, et entourant de son bras droit la taille flexible de la jeune fille, il l'enleva de terre et voulut l'entraîner au fond de son appartement.

Esther, réunissant toutes ses forces, se raidit, repoussa l'officier, se dégagea et, courant à la porte du carré, elle l'ouvrit toute grande.

XII

Owen.

Quelqu'un montait en ce moment l'escalier.

« Au secours!... à moi!... à moi!... cria Esther.

— Petite sotte! fit Van Dessel en s'efforçant de faire rentrer chez lui la pauvre enfant qu'il avait suivie; petite sotte! que craignez-vous donc?

— Au secours! au secours! continua Esther en se cramponnant à la rampe.

— Qu'est-ce donc? que signifient ces cris? » demanda une voix vibrante, et un lieutenant appuartont à coup.

C'était Owen, qui demeurait dans la même maison que Van Dessel, et qui rentrait chez lui après la cruelle déception de la foule.

« A mon secours, senor! fit Esther en se précipitant vers le lieutenant.

— Diable! diable! dit Van Dessel en grimaçant un sourire. Mais, mon enfant, je ne vous ai rien fait!... Venez donc! ne craignez rien!... Petite niaise! Elle crie avant qu'on l'écorche. Allons, venez, que nous terminions nos comptes... Entrez! entrez donc, mon enfant! »

Et Van Dessel s'avança pour prendre Esther par le bras; mais Owen, les yeux pleins d'éclairs, le repoussa rudement.

« Laissez cette enfant! dit-il d'un ton impératif.

— Hein? fit Van Dessel en se redressant.

— Laissez cette jeune fille tranquille; je vous défends de la tourmenter!

— Occupez-vous de vos affaires et ne vous mêlez pas des miennes, mon petit lieutenant! » répondit l'officier allemand.

Et, saisissant Esther par la taille, il s'efforça de l'enlever; mais Owen, arrachant la jeune fille des mains du capitaine, envoya celui ci se heurter contre le mur en lui imprimant une secousse violente.

« Partez, mademoiselle, dit-il à Esther, et ne craignez rien. »

La jeune fille, tremblante, éperdue, obéit sans répondre et commença à descendre l'escalier.

« Der Teufel! hurla Van Dessel pâle de fureur, il me faut raison de cette insulte! Demain, demain, au Jeu de paume, à dix heures!

— J'y serai, » répondit Owen.

Esther, en entendant ces paroles menaçantes, s'était arrêtée subitement.

« Quant à toi, lui cria Van Dessel, il faudra que tu rendes compte au gouverneur de tes visites nocturnes à la tour des signaux. Je t'ai vue cette nuit! »

Esther poussa un cri étouffé, devint affreusement pâle, et tomba évanouie sur les marches.

Owen se précipita pour porter secours à la pauvre enfant, tandis que Van Dessel rentrait tranquillement chez lui.

« Va! murmura le brutal capitaine en refermant sa porte, secours-la tant que tu voudras; si Bags tient sa promesse, et il la tiendra, demain la tourterelle sera en ma possession, et un bon coup d'épée me débarrassera de son chevalier servant. »

Ne sachant que faire d'Esther, ne pouvant pas, par raison de convenance, la porter dans sa chambre de garçon, ne voulant pas non plus la reconduire chez

Isaac dont il connaissait la brutalité, Owen se décida à se rendre avec sa jeune protégée chez la charmante femme du major Edwards.

La demeure du major était voisine.

Esther étant toujours évanouie, Owen la prit dans ses bras, et pressant contre son cœur, un peu plus peut-être que cela n'était strictement nécessaire, le gracieux fardeau sur lequel il abaissait ses regards les plus tendres, il courut auprès de Carlotta.

En deux mots Owen mit la jeune femme au courant de la situation, et son service l'appelant impérativement à un poste éloigné, il quitta Esther en recommandant chaudement à Carlotta de la garder près d'elle jusqu'au lendemain.

Owen et Edwards étaient de garde tous deux ce jour-là aux batteries de l'Alameda situées à une assez longue distance de la ville proprement dite. En retrouvant son ami, le jeune lieutenant lui fit part d'une partie de ce qui venait de se passer, sans toutefois lui faire confidence (non plus qu'il ne l'avait faite à Carlotta) du duel convenu pour le lendemain avec Van Dessel.

Edwards serra les mains d'Owen et lui promit de veiller sur Esther et de la garder même auprès de sa femme si la jeune fille consentait à ne plus retourner chez son père.

Le major comprenait la tendre affection que portait son jeune ami à la jolie juive, et pensant avec raison qu'Owen serait pour Esther le meilleur des époux, il ne voyait nul inconvénient à protéger ce loyal amour. D'ailleurs la situation de la pauvre enfant l'intéressait vivement : placée comme elle l'était entre les duretés d'Isaac et les obsessions de Van Dessel, le sort d'Esther était bien réellement digne de pitié.

La nuit venue et tout paraissant parfaitement tranquille, Ewards laissa Owen à la garde du poste de la batterie, et il se disposa à regagner la ville.

Le chemin qui conduit de l'Alameda à Gibraltar suit les fortifications basses de la place en côtoyant le roc et forme de nombreux circuits. La nuit était noire et on distinguait difficilement à quelques pas devant soi.

Comme le major croisait le sentier conduisant aux batteries hautes, il crut apercevoir deux ombres se mouvant à peu de distance. Pressant le pas, il s'approcha, mais sans doute les deux ombres l'avaient vu également et avaient de bonnes raisons pour éviter sa présence, car elles cherchaient à s'évanouir par une fuite précipitée.

Intrigué vivement, le major hâta davantage sa marche, et il était sur le point d'atteindre les ombres fugitives, lorsque l'une d'elles parut s'abîmer tout à coup comme si la terre se fût ouverte sous ses pas.

Au même instant Edwards trébucha et faillit tomber. C'était le corps de l'une des deux ombres, lequel, étendu subitement au milieu du chemin, avait opposé un obstacle solide au passage du major.

« Qui vive ! » dit fortement Edwards en mettant la main sur la crosse de l'un des pistolets passés à sa ceinture ; et de l'autre main il happa prestement la seconde ombre qui demeura dès lors immobile.

Un double grognement lui répondit, et l'ombre tombée se redressa lentement.

Le major leva le canon de son pistolet menaçant.

« Mille diables, major, ne tirez pas ! dit une voix enrouée ; nous sommes de bons Anglais !

— Bags ! fit Edwards avec étonnement.

— Et son épouse, votre ex-cuisinière, toujours à votre disposition, major, ajouta la seconde ombre qui n'était autre, en effet, que l'estimable cordon-bleu que nous connaissons.

— Que faites-vous ici, tous deux, à pareille heure ? demanda le major.

— Moi, dit mistress Bags, j'accompagne mon mari.

— Et où va-t-il, lui, votre mari ?

— Rejoindre mon poste, major, rejoindre mon poste....

— Rejoindre votre poste, mauvais drôle; mais la retraite est battue depuis longtemps...

— Major, je reconnais que je suis en faute.

— Et où est votre poste?

— Aux batteries de l'Alameda.

— C'est juste; vous aviez été porté manquant sur les feuilles à l'appel du soir. Que faisiez-vous? où étiez-vous?

— Major.... voilà.... j'avais une affaire importante, et... balbutia Bags.

— Mon mari était indisposé, ajouta vivement mistress Bags.

— Eh bien! il se guérira demain de son indisposition en couchant à la prison!

— Mais, major....

— Silence! Rejoignez votre poste ce soir, et demain rendez-vous au cachot, sinon, mauvais drôle, je vous fais passer en conseil de guerre pour tous les méfaits dont vous vous êtes rendu coupable, à commencer par un vol commis chez moi. Nierez-vous que vous et votre femme ayez mangé la moitié de mes poulets?

— Major! nous avions grand'faim! dit Bags d'une voix larmoyante.

— Et grand'soif, devriez-vous ajouter, car vous avez volé et bu mon vin!

— Major! il faut bien pardonner aux pauvres gens dans le besoin! dit mistress Bags du ton le plus dolent.

— C'est bien! nous réglerons plus tard ce petit compte! En attendant, vous m'avez entendu? obéissez! »

Bags et sa femme s'inclinèrent, et, saluant l'un militairement, l'autre profondément le major, ils se rangèrent respectueusement pour lui laisser libre le haut du pavé.

Edwards continua sa route. Bags et sa femme demeurèrent à la même place, comme s'ils eussent été frappés d'immobilité.

XIII

Le Duel.

Le major pénétrait dans la ville, lorsqu'une petite main se posa fébrilement sur son bras et l'arrêta dans sa marche :

« Señor ! señor ! par grâce ! par pitié ! écoutez-moi ! s'écria en même temps une voix entrecoupée.

— Esther ! fit le major en revenant de sa surprise et en contemplant la jeune fille qu'éclairait la lueur vacillante d'une lanterne accrochée au mur d'une maison voisine.

— Señor ! señor ! ils vont se battre ! Il le tuera !

— Se battre ? qui cela ? le tuer ? qui ? s'écria Edwards.

— Le lieutenant Owen.... le capitaine Van Dessel....

— Owen et Van Dessel doivent se battre ?

— Oui, señor ! Oh ! empêchez ce duel, par grâce ! par pitié !

— Mais, mon enfant, expliquez vous ! Je ne comprends pas, dit le major en s'efforçant de calmer la jeune fille, qui paraissait en proie à la surexcitation la plus vive.

— Ils vont se battre, vous dis-je ! s'écria Esther avec désespoir, demain.... au Jeu de paume.... à dix heures.

— Demain ?

— Oui señor ! mon bon señor... »

Et Esther, retrouvant un peu de calme, raconta rapidement au major les événements dont il connaissait déjà une partie, ajoutant ce que ne lui avait pas confié Owen, c'est-à-dire la rencontre qui devait avoir lieu le lendemain entre le lieutenant et le capitaine.

En ce moment minuit sonna dans la ville. La jolie juive sembla être prise subitement d'un nouvel accès de trouble. Le major s'efforça de la questionner encore, mais elle ne répondit que par des paroles inco.

hérentes et qui ne paraissaient avoir aucun sens. Enfin, arrachant ses mains qu'Edwards avait saisies :

« Sauvez-le ! Empêchez ce duel, je vous en supplie ! par grâce ! » s'écria-t-elle, et elle s'élança dans la direction des batteries hautes vers l'endroit où le major venait de rencontrer Bags et sa femme. Elle disparut aussitôt dans l'obscurité.

Edwards stupéfait demeurait immobile, ne sachant ce qu'il devait faire.

« Elle est folle ! » murmura-t-il ; et il allait se remettre en marche, quand il crut entendre un cri perçant retentir dans la direction que venait de prendre la jeune fille.

S'arrêtant subitement, il écouta.... mais au cri avait succédé un silence profond. Edwards cependant revint sur ses pas et courut vers le sentier par lequel avait disparu Esther.

La lune se dégageait au même instant de son voile de nuages et éclairait le paysage de sa lueur argentée. Le major interrogea le sentier.... il ne vit rien. A droite était le mur de la ville, à gauche le rocher s'élevant à pic, l'œil ne pouvait donc s'égarer et le regard d'Edwards eut beau fouiller l'horizon, il ne rencontra qu'une solitude absolue.

« Je me serai trompé ! » dit-il en pensant avoir été le jouet d'une illusion, et il revint vers la ville.

Un quart-d'heure après, il rentrait chez lui. Carlotta veillait encore en dépit de la nuit avancée.

« Esther t'a donc quittée ? demanda brusquement le major en s'adressant à sa femme.

— Oui, répondit Carlotta, la pauvre enfant a voulu à toute force partir, il y a une demi-heure à peine. Elle sera sans doute retournée chez son père. »

Edwards secoua la tête.

« Je ne comprends rien à la conduite de cette jeune fille, dit-il en répondant à ses propres pensées. Demain j'irai chez son père, je la verrai et.... »

Il s'arrêta brusquement.

« Qu'allait-elle donc faire hors de la ville ? » continua-t-il au bout d'un instant de silence.

Puis après avoir réfléchi durant quelques moments :

« Quant à ce duel, dit-il avec un froncement de sourcils menaçant, il faudra bien que je l'empêche d'avoir lieu ! Van Dessel est un spadassin de première force et il me tuerait mon pauvre Owen, cela est certain. Demain je me trouverai au Jeu de paume ! »

Le lendemain était, on se le rappelle, le jour fixé par le conseil de guerre français pour l'attaque. Depuis le lever de l'aurore un grand mouvement régnait dans le camp installé à San-Roque et dans la partie de la baie avoisinant Algésiras.

Les tambours battaient, les trompettes sonnaient, les officiers d'ordonnance parcouraient le rivage, les embarcations sillonnaient les flots azurés du golfe.

A Gibraltar, les sentinelles veillaient et la ville, mal remise encore de son émotion de la veille, comptait avec désespoir les jours de souffrance déjà traversés, sans oser porter en avant ses regards désolés.

A neuf heures, au moment où le major Edwards s'habillait pour se rendre au Jeu de paume et s'interposer entre Owen et Van Dessel, un officier du gouverneur vint le chercher de la part de son chef. Edwards envoya intérieurement le service à tous les diables, mais il fallait se soumettre, et il se décida à accompagner l'officier. Le gouverneur fit attendre le major. Edwards rongeait son frein avec une impatience mal dissimulée.

« Neuf heures et demie ! se dit-il en interrogeant sa montre. J'arriverai trop tard.... et Owen sera tué, car ce Van Dessel est un spadassin de la pire espèce et qui jamais n'a manqué son homme ! Pauvre Owen !... un si brave garçon !... un ami !... »

Enfin le gouverneur entra dans le salon où attendait le major. Il était temps : celui-ci, au risque de se faire sévèrement punir, allait manquer à la consigne et s'élancer au dehors.

Un quart d'heure après, Edwards était libre, mais il était alors dix heures moins un quart. Précipitant sa course, il traversa la ville comme un trait et arriva ruissselant de sueur à la porte du Jeu de paume.

Le maître de la salle l'arrêta au passage :

« Pardon, major, dit-il en s'opposant respectueusement mais fermement à l'entrée d'Edwards. Pardon, la salle est retenue pour une partie.

— Oui, jolie partie ! je vous conseille d'en parler ! s'écria Edwards furieux en repoussant brusquement le maître du Jeu de paume. Plaise à Dieu que je puisse l'interrompre à temps, cette partie que l'enfer confonde ! »

Et il passa lestement, laissant stupéfait et indécis le maître de la salle.

Trouvant la seconde porte fermée, le major, qui connaissait parfaitement les êtres de l'établissement, gravit rapidement l'escalier de la galerie, où il arriva presque d'un seul bond. Cette galerie, réservée aux spectateurs, était alors entièrement déserte. Elle faisait le tour de la salle, qu'elle dominait à une hauteur de près de quatre mètres.

Edwards se pencha vivement sur la balustrade

Au centre de la salle étaient Owen et Van Dessel en compagnie de leurs témoins. Tous les préliminaires avaient été réglés, car les deux adversaires avaient mis habit bas, et les seconds (l'un adjudant du régiment de Hardenberg, l'autre un certain lieutenant Ruhston, expert en pareille matière et grand bretteur lui-même), se tenaient de chaque côté ayant, chacun à la main, une épée de rechange.

Dans un coin était le chirurgien allemand du régiment de Van Dessel, ses appareils déployés et prêts à tout événement.

Le capitaine avait accompli ses préparatifs avec l'aisance d'un homme habitué à pareille fête et sûr d'avance d'en sortir sain et sauf. Owen, le front un peu pâli, s'appuyait sur son épée, la pointe au sol et attendait.

« En garde, messieurs ! » dirent les témoins.

Les deux adversaires engagèrent aussitôt le fer, l'un et l'autre sans hésitation, mais chacun dans une pose bien différente.

Droit et solide comme une tour, daignant à peine prendre la pose académique, mais tout à fait à l'aise et complètement maître de lui, les yeux à demi fermés et un sourire sardonique sur les lèvres, Van Dessel regardait son adversaire avec un air superbe de mépris écrasant.

Le lieutenant, l'œil étincelant et la main fiévreuse, paraissait prêt à s'élancer sur son ennemi.

Ce fut à ce moment que le major Edwards apparut à la galerie.

« Owen ! Owen !... arrêtez ! s'écria le major.

Les combattants levèrent un moment la tête du côté de l'interrupteur, mais ils se remirent aussitôt en garde.

Le major redoubla de gestes et de cris : mais voyant l'inutilité de ses efforts, il s'élança dans l'arène, non par la route ordinaire des escaliers, ce qui eût exigé un assez long détour, mais par la plus courte, par la perpendiculaire, en sautant d'un bond de la galerie au milieu de la salle, tour de force qu'il n'exécuta pas, on le pense bien, avec la légèreté d'un clown. Mais le bruit de sa chute fut complètement perdu dans le tonnerre d'une immense décharge d'artillerie qui ébranla les murailles.

Au bruit de la poudre se mêla instantanément celui du sifflement des obus et, avant que l'écho de la première décharge eût cessé de retentir, l'explosion successive des bombes, le craquement des portes, la chute des cheminées, des toits, des meubles, les cris de la population effrayée vinrent mettre le comble au tumulte qui régnait au dehors.

Tout à coup le toit de la salle s'effondra, et un

obus vint éclater à l'intérieur, emplissant la vaste pièce de bruit et de fumée. Le major demeura tout étourdi du choc. Quand il fut revenu à lui, le premier objet qui frappa ses yeux, fut l'officier allemand étendu sur le carreau et le docteur à ses côtés.

Van Dessel, atteint par le projectile meurtrier, avait une grave fracture à la cuisse et deux doigts de la main droite emportés, ce qui désormais le privait de manier sa redoutable épée.

« Que diantre est-ce cela? s'écria le major encore mal remis de son étourdissement et au moment où une seconde volée de projectiles éclatait sur la ville.

— Pardieu ! dit Ruhston qui, blessé aussi, mais légèrement, étanchait son sang avec son mouchoir. Ce sont les ennemis qui attaquent !

— Vite ! aux batteries ! Venez, Owen ! » et le major entraîna son ami.

Owen le suivit sans mot dire.

« Je n'en veux pas aux Français ! s'écria Edwards, car ils vous ont vraisemblablement sauvé la vie ; mais venez vite ! L'attaque paraît chaude ! Cordieu ! voyez la rade ! »

En effet, du point où se trouvaient les deux officiers, on découvrait tout le golfe, et on distinguait parfaitement les batteries flottantes qui s'avançaient en bon ordre vers le vieux môle.

XIV

Le Bombardement.

Ce jour-là, on se le rappelle, était en effet le jour fixé par le général en chef français pour l'attaque contre la ville.

Les batteries flottantes exécutées sur les plans du colonel d'Arçon et à peine terminées, s'avançaient pour jouer leur rôle, en dépit des remontrances respectueuses d'abord, puis plus vives, mais toujours inutiles de leur inventeur auprès du duc de Crillon. D'Arçon ne répondait de rien, disant que son travail n'était pas achevé. Le duc fut inébranlable dans sa résolution.

D'après le plan primitivement arrêté, ces batteries formidables devaient être toutes groupées autour du vieux môle qui paraissait l'endroit le plus faible de la place ; mais, soit que l'on eût mal fait les sondages, soit que ces bâtiments eussent un tirant d'eau reconnu au moment d'agir trop considérable pour prendre la position qu'on avait projetée, quand les batteries s'avancèrent en bon ordre, le général en chef ordonna d'aller les embosser en face du bastion royal où se trouvaient les batteries anglaises les plus redoutables.

Puis, par un excès incompréhensible de maladresse ou d'ineptie, on disposa les prames de telles façon que sur dix, deux seulement purent se placer à la distance convenable de 200 toises.

Le feu des huit autres était à peu près perdu. Les deux seules prames qui purent agir d'une manière utile furent la Talla-Piedra que montait le prince de Nassau et sur laquelle était le colonel d'Arçon, et la Pastora, commandée par Ventura Moreno lui-même.

Dans la position qui avait d'abord été projetée, les prames auraient été secondées par le feu des lignes de San Roque. Les batteries du camp pouvaient atteindre les trois bastions Montaigu, du Nord et d'Orange qui défendaient le vieux môle, mais le bastion Royal s'avançant davantage vers la pleine mer se trouvait presque entièrement hors de leur portée. Pour attaquer ce front de la place, le concours de l'artillerie du camp devenait impossible. L'artillerie de terre ne pouvait que brûler la ville sans atteindre les batteries de Gibraltar.

Les seules prames qui fussent placées pour agir utilement ne portaient que 70 canons et recevaient le feu de 280 pièces des assiégés; néanmoins elles firent bonne contenance, et, au signal donné, le feu s'ouvrit sur tous les points à la fois, les boulets lancés par les batteries flottantes se réunissant à ceux lancés par le camp français.

Le premier effet de l'attaque fut désastreux, non pour les fortifications anglaises, mais pour la ville elle-même; aussi lorsque Edwards et Owen quittèrent le Jeu de paume pour s'avancer vers le môle, demeurèrent-ils frappés de stupeur par l'effroyable spectacle qui s'offrait à eux.

Des familles tout entières, vieillards, enfants, domestiques, se précipitaient dans les rues et fuyaient du côté du midi pour se mettre, autant que possible, à l'abri des boulets et des bombes.

Les uns emportaient des parties de mobilier ramassées à la hâte et simplement parce qu'elles étaient tombées les premières sous leurs mains. D'autres avaient avec eux les chaises sur lesquelles ils étaient assis l'instant d'avant.

Edwards fit remarquer à Owen un individu qu se sauvait, les épaules lourdement chargées d'une table d'acajou dont les pieds démontés étaient sans doute restés dans la maison, et plus loin une femme qui d'une main entraînait un enfant tout en pleurs, et de l'autre tenait un gril encore ruisselant de la graisse de quelque morceau de viande qu'elle faisait cuire sans doute au moment du premier bombardement.

Les débris des toits commençaient à joncher les rues ; çà et là à travers l'énorme brèche d'un mur à moitié rasé par le canon, la vue plongeait à l'aise dans l'intérieur des maisons et l'on apercevait les meubles, les glaces et les tentures juste comme ils étaient au moment où les habitants les avaient quittés. Des soldats en armes se pressaient de tous côtés à l'appel du clairon, et se frayaient assez brutalement un chemin parmi les fugitifs.

La maison du juif Lazaro fut une des premières sérieusement atteintes. Le mur de façade du grand magasin dont nous avons parlé plus haut était depuis longtemps déjà lézardé par de profondes crevasses, ravage du temps ou vice de construction.

Aussi le premier boulet qui vint battre cette muraille en abattit un grand pan et mit ainsi à nu les trésors empilés du vieil avare.

L'instinct de la conservation avait tout d'abord poussé le juif à fuir ; mais en revenant timidement examiner sa propriété, la vue du mur en ruines et les risques auxquels se trouvaient exposées ses richesses firent taire en lui, pour le moment, tout sentiment de danger personnel. Apercevant un groupe de soldats qui sortaient d'une taverne voisine, il les pria instamment de l'aider à transporter ses marchandises en lieu de sûreté, leur promettant en retour une bonne récompense.

Justement un des soldats à qui s'adressait cette pressante invitation était notre connaissance, M. Bags.

« Oh ! oh ! dit M. Bags, voilà une chance, j'espère, camarades ! Penser que nous allons pouvoir rendre service à ce bon M. Lazaro qui nous veut tant de bien, à cet excellent, respectable juif qui nous paye toujours si libéralement les objets que nous lui portons ! Certainement que nous allons vider toute sa boutique, et nous ne souffrirons pas qu'il se charge de quoi que ce soit ! ah ! ah ! ah ! »

Le soldat se mit à rire bruyamment, et pour donner plus de sel à son ironie, il fit une affreuse grimace en clignant de l'œil à ses compagnons.

L'idée de prêter assistance à Lazaro fut considérée comme une délicieuse plaisanterie, et anima la troupe de la plus franche gaîté jusqu'à la porte du magasin où le juif les entraînait en marchant à leur tête.

« Et s'il se trouve quelque chose de bon à manger ou à boire, nous nous ferons un plaisir de le transporter, n'est-ce pas, les enfants? et nous n'aurons pas besoin de nos épaules pour cela encore! dit Bags en escaladant un monceau de débris.

— Ceci d'abord, ceci d'abord, mes amis, s'écria le juif en se précipitant vers une rangée de barils un peu séparés de la masse des autres articles.

— Ah! ceci d'abord? dit Bags, ce sont les meilleurs, hein? Merci, monsieur Lazaro, nous allons voir ce qu'il y a dedans. »

Et ramassant un foret qui se trouvait là, il se mit à faire un trou dans un des barils, en priant un de ses amis qu'il appela Tom, de vouloir bien expérimenter la futaille voisine.

« Voleurs! hurla le juif témoin de ce procédé, et saisissant Bags par le bras. Sortez de mon magasin, sortez, misérables, et ne touchez plus à rien. »

Bags le repoussa du poing et l'envoya du même coup tomber dans un coin; puis, apercevant la liqueur couler du trou qu'il venait de percer, il y appliqua ses lèvres.

« C'est de l'eau-de-vie, dit-il en reprenant haleine, du vrai cognac, camarades. Bénis soient les boulets espagnols qui nous ont montré le chemin. » Et il répéta sa première accolade.

Pendant ce temps, ses camarades n'étaient pas restés oisifs : d'autres barils furent ouverts et soumis à une savante dégustation.

Le juif ne savait plus comment leur faire abandonner leur butin. Il commença d'abord par les menacer, puis il leur offrit une compensation, puis il se mit à les flatter ; enfin, comme dernière ressource, il tentait de s'interposer de vive force, quand un boulet ennemi, entrant dans l'établissement, prit en écharpe une longue enfilade de barils, défonçant le contenant et répandant le contenu. La pièce fut aussitôt inondée de liquides. Un déluge de vins, de mélasses, d'huiles et de spiritueux couvrit le sol, submergeant les débris de biscuits et de salaisons qui le jonchaient. Un soldat fut tué roide, et M. Bags ne dut son salut qu'à l'heureux hasard qui fit qu'il venait de retirer sa tête du baril objet de sa sollicitude.

Le juif, à moitié étourdi par une blessure qu'une douve lui fit au front, et près de perdre la raison en assistant à la destruction de ce qu'il possédait vint sur le seuil du magasin et s'assit parmi les débris. D'autres pillards ne tardèrent pas à suivre l'exemple des maraudeurs ; mais il ne fit aucune tentative pour les arrêter, et ils passèrent par dessus lui.

Owen et son ami, qui en ce moment passaient en courant devant la maison de Lazaro, se sentirent vivement et douloureusement impressionnés par l'état dans lequel était le juif.

Un tonneau plein de farine qui avait été défoncé comme les autres avait couvert de son contenu la tête et la figure de Lazaro. Le sang qui s'échappait de la blessure que le malheureux avait au front s'était ainsi attaché en pâte à ses joues et à sa barbe et le rendait hideux à voir.

Owen se précipita vers lui.

« Votre fille ? dit-il.

— Ma fille... balbutia Isaac sans avoir évidemment conscience de la question qui lui était faite, ni de la réponse qu'elle nécessitait.

— Oui. Esther, votre fille, répéta Owen, où est-elle ?...

— Je ne sais pas...

— Comment, vous ne savez pas ? dit à son tour Edwards.

— Non, balbutia le juif d'un air stupide. Le malheureux ne voyait que ses richesses perdues.

— Où est-elle ! où est Esther ? criait Owen.

— Je ne sais pas ! répétait Isaac.

— Mais elle était chez vous ce matin?

— Non!...

— Quand l'avez-vous quittée?

— Qui cela ?...

— Votre fille !... Esther ! Triple brute ! comprendras-tu ? hurla Edwards avec fureur. Si tu réponds, je te donne une livre. »

Isaac ouvrit de grands yeux et tendit la main. Il commençait à reprendre connaissance.

— Ma fille?... Esther? dit-il lentement, j'ignore où elle est. Depuis hier, dans la matinée, elle a quitté ma demeure pour aller chez le capitaine Van Dessel, et elle n'est pas rentrée...

— Elle n'est pas rentrée ! dit Owen.

— Elle n'est pas rentrée ! » répéta Edwards en songeant à la promenade nocturne qu'Esther accomplissait la veille au soir.

Il allait sans doute interroger de nouveau le juif, lorsque celui-ci poussa un cri aigu, se leva d'un bond, arraché subitement à sa torpeur et courut en avant. Il venait de voir Bags s'esquivant, les mains pleines de bijoux. Le soldat venait de disparaître, allant rejoindre ses camarades, que la vue du major et celle du lieutenant avaient déjà mis en déroute.

Isaac s'arrêta alors en se tournant vers sa maison et parut stupéfié par le désastre dans lequel elle se trouvait, désastre auquel, cependant, il avait assisté. Il leva ses mains crispées au ciel, en prononçant un si effroyable blasphème, qu'un dévot espagnol, qui sortait du magasin de l'israélite avec le butin qu'il venait d'y voler, lui ferma la bouche d'un vigoureux coup de poing.

Le juif n'y prit pas seulement garde et continua d'exhaler sa fureur, jusqu'à ce que, épuisé par la perte de son sang, brisé par l'émotion et étouffant de rage, il tomba sur le sol privé de sentiment.

Owen appela à l'aide quelques soldats qui passaient et les chargea de transporter le blessé à l'ambulance des casernes du Sud. Puis revenant à Edwards, il courut avec le major à son poste de combat, jurant intérieurement, que l'attaque repoussée, il ne se donnerait ni paix ni trêve qu'il n'eût retrouvé la jolie juive, dont la disparition paraissait effectivement inexplicable.

Quant à M. Bags, lui et ses estimables compagnons furent toute la journée portés absents, morts ou blessés, aux différents appels ; bien entendu qu'en réalité, ils ne faisaient partie que de la première catégorie.

C'est qu'en effet le digne soudard était occupé à des travaux beaucoup plus intéressants pour lui que ses devoirs de soldat.

Un vaste champ s'ouvrait à son humeur entreprenante et à celle des vauriens de son espèce. Il s'agissait de profiter de la circonstance qui livrait à leur industrie des objets précieux de toute nature, abandonnés par leurs propriétaires, dans des maisons et des boutiques où les serrures et les verrous ne servaient plus à rien.

Aussi, quoique le feu qui, au milieu de la journée, avait cessé pendant une heure environ, eût repris le soir avec plus d'intensité que jamais, l'ardeur des pillards n'en fut point un instant ralentie.

Cependant après quelques heures d'une nouvelle tentative d'attaque, les forces alliées éprouvèrent un violent accident qui fit tourner contre eux le succès de la journée.

La batterie flottante montée par d'Arçon et le duc de Nassau, la Talla-Piedra, après s'être très-brillamment comportée, reçut un coup mortel.

Un boulet rouge pénétra jusqu'à la partie sèche du bâtiment, la machine qui devait servir à entretenir de l'eau entre les deux coques ne fonctionnant plus, l'incendie couva longtemps avant de se déclarer. La Talla-Piedra avait ouvert son feu vers dix heures du matin, le boulet l'atteignit entre trois et cinq heures; mais ce fut seulement à l'entrée de la nuit que le feu devint irremédiable.

On avait au reste négligé toutes les précautions. Il n'y avait point d'ancres de secours derrière les prames, pour les touer en cas d'accident; il n'y avait pas de chaloupes pour recevoir les blessés. L'amiral Guichen, qui commandait les vaisseaux français, fit proposer des secours à Ventura Moreno, qui prétendit n'en avoir pas besoin.

Cependant l'incendie de la Talla-Piedra fit, vers neuf heures du soir, de tels progrès, qu'il devint impossible de les arrêter. Le feu gagna les poudres. Cette prame sauta et son explosion communiqua l'incendie à la plus voisine qui était le San Juan.

Alors Ventura, désespérant d'en sauver une seule des huit autres et ne voulant pas qu'elles tombassent entre les mains des Anglais, donna par écrit l'ordre de mettre le feu aux autres batteries flottantes qui, cependant, étaient encore intactes.

Douze cents hommes périrent dans cette fatale attaque; un assez grand nombre de prisonniers fut recueilli par les embarcations que les Anglais avaient mises à la mer.

Le prince de Nassau, qui était sur la Talla-Piedra, eut le bonheur de se sauver à la nage. A dix heures, le feu était éteint et Gibraltar commençait à respirer en paix. Owen, on le sait, n'attendait que cet instant pour courir à la recherche d'Esther.

XV

Monsieur Bags.

Vers minuit, un factionnaire placé en sentinelle sur les hauteurs de Rosia (nom donné à une certaine partie du rocher situé au midi, près de l'hôpital) remarqua un individu embusqué dans une des batteries, et lui cria :

« Qui vive? »

Ne recevant pas de réponse, il menaçait de faire feu quand Bags (car c'était lui) s'avança avec précaution un paquet à la main.

« Chut! Bill, dit Bags en reconnaissant dans la

sentinelle un de ses amis; ne fais pas de bruit, c'est moi, Bags, Pincettes, tu sais? ajouta-t-il pour mieux prouver l'identité de sa personne.

— Que diable fais-tu donc là, imbécile? demanda l'autre d'un ton bourru ; ne sais-tu pas que le piquet est à ta recherche?

— C'est que j'ai là certaines petites choses que je voudrais cacher quelque part, dans le cas où je serais pris, répondit Bags; n'aie pas l'air de m'avoir aperçu, Bill, et je déloge au plus vite.

— Qu'est-ce que c'est donc que tu as à cacher? demanda Bill dont la curiosité était vivement piquée par les allures mystérieuses de son ami.

— Quelques petites bagatelles que j'ai amassées dans la ville pendant le tumulte de tantôt, répondit Bags. C'est dommage que tu aies été aux batteries aujourd'hui, Bill! il y avait là-bas de bonnes petites récoltes à faire. J'ai gardé quelque chose pour toi, » ajouta Bags dans un étrange accès de générosité.

Cependant la sentinelle, personnage digne à tous égards de l'amitié de M. Bags, sans paraître touchée de l'attention délicate de celui-ci, se mit en devoir de sonder le paquet avec la pointe de sa baïonnette.

« Doucement, Bill, dit Bags avec vivacité; ça ne veut pas être touché, ça!

— Voyons ce que c'est? dit Bill.

— Du tout, du tout ! ça n'en vaut pas la peine.

— Et si j'appelais le sergent de garde ? fit Bill en regardant son ami.

— Tu ne ferais pas une action pareille ! s'écria Bags du ton d'un homme révolté. Non, non, Bill ! je te connais, tu es incapable de le faire, j'en réponds !

— C'est mon devoir, cependant, dit gravement le factionnaire en posant à terre la crosse de son fusil et en appuyant son coude sur le bout du canon. Tu vois bien que rien n'est plus vrai que ce que tu disais, Pincettes, que c'était dur pour moi de me promener avec ce satané mousquet dans les mains (et il frappait sur son arme) toute une journée pour quatre pences et demi, tandis que toi tu fais ta fortune pendant ce temps-là. Oui, c'est dur, je le répète, Pincettes !

— Sois tranquille, va, il y en aura encore assez pour toi demain, observa Bags en matière de consolation.

— Allons, mon cher camarade, convenons d'une chose : qu'est-ce que tu me donneras si je te laisse cacher ça ? dit Bill en montrant le paquet ; partageons par moitié.

— Ce n'est pas là parler en ami, Bill, répondit Pincettes profondément dégoûté de l'égoïsme d'une semblable proposition. Personne ne m'a jamais vu faire de peine à un camarade, chaque fois que j'ai été de faction. Combien y a-t-il que je t'ai laissé cuver ton vin une heure dans ma guérite, jusqu'à ce que tu pusses rentrer au quartier, un jour que je montais la garde à la Poste? Tout le paquet ne vaut pas dix-huit pences; encore m'a-t-il fallu travailler dur pour cela.

— Donnes-tu moitié? répéta Bill sans s'émouvoir le moins du monde au souvenir des bienfaits passés.

— Non, de par tous les diables! répondit Bags en fureur.

— Ser.... commença Bill en élevant la voix et en se mettant au port d'armes.

— Attends, interrompit Bags, n'appelle pas le sergent. Mieux vaut la moitié que rien du tout, si tu le prends sur ce ton-là. Va donc pour la moitié.

— Ah! dit Bill en reprenant sa première position, je commence à croire que nous allons nous entendre. Et maintenant voyons ce que c'est, Pincettes. »

Bags, tout en marmottant sa désapprobation d'un traitement aussi indigne, plaça le paquet sur le créneau du retranchement et se mit à le dénouer.

Dix-huit pences étaient assurément une évaluation bien faible. En quittant le magasin d'Isaac mis au pillage, Bags avait encore visité minutieusement la boutique d'un joaillier criblée par la mitraille, et il avait fait ample moisson chez le joaillier comme chez le juif.

Des bijoux de toute espèce, des montres, des bagues, des tabatières, des pierreries démontées, de plaques d'or, des pièces d'orfévrerie, des bracelets, des broches, des chaînes d'or étincelèrent tout à coup sur la sombre surface du mouchoir de M. Bags.

« Mille diables! que tout cela est beau, Bags! s'écria Bill en frappant ses mains l'une dans l'autre et en décrivant dans l'air un entrechat triomphant. Une vraie fortune pour chacun de nous, mon excellent ami! Mais qu'est-ce que nous allons faire de tout cela? De pareilles richesses entre nos mains vont exciter la jalousie de nos camarades! Il faut vendre cela au plus vite, n'est-ce pas, Bags? »

Et Bill faisait tous ses efforts pour ne pas rendre trop bruyante sa joie frénétique, et ne pas attirer sur lui et sur son compagnon l'attention du poste.

Bags cependant lui expliqua qu'il était trop loin de compte dans son estimation, attendu, disait-il, que la plupart de ces objets étaient en chrysocal et les pierreries en verre. Aussi, pour éviter tout dérangement à son ami Bill, lui proposait-il de les vendre seul, le mieux possible, et de lui apporter la moitié du produit, qui ne saurait être certainement au-dessous de neuf pences et qui pourrait bien s'élever jusqu'à un demi-dollar. Cet arrangement, toutefois, n'obtint pas l'assentiment de Bill qui insista pour qu'il fût fait deux lots du butin. Mais là-dessus, il y eut encore un léger malentendu, car chacun d'eux avait fixé son dévolu sur une montre gigantesque qui n'aurait jamais pu entrer dans un gousset moderne et dont le cadran était orné de peintures mythologiques. La dimension du bijou et le brillant des couleurs faisaient supposer à l'un et à l'autre que cette montre avait une valeur immense. Enfin, comprenant qu'ils ne pouvaient pas s'accorder sur ce point, ils remirent le partage au lendemain.

« Je vais te dire où il faut mettre le magot, dit Bill ; les canons de cette batterie n'ont pas été tirés depuis des années et il n'est pas probable qu'ils le soient de sitôt, bien qu'on les ait chargés l'autre jour. Ote le bouchon de celui-ci, et fourres-y le paquet. »

Bags approuva cette idée, retira le bouchon de la pièce, y enfonça son butin aussi loin que son bras put atteindre et reboucha le tout.

« Tu n'y toucheras pas, sur l'honneur ? dit Bags avant de partir.

— Sur l'honneur, » répondit Bill ; et Bags disparut.

Néanmoins il ne se sentait pas assez de confiance dans l'intégrité de son allié pour l'abandonner tout à fait à ses seuls instincts. Il pensa que Bill pourrait bien profiter de son absence pour dénicher le trésor ou pour se rendre coupable de quelque autre félonie. Il retourna donc sur ses pas, à quatre pattes et sans bruit jusque derrière une pointe de rocher d'où il pouvait inspecter toute la batterie.

Pendant quelque temps Bill se promena gravement de long en large devant son poste.

Bags remarqua pourtant que dans le périmètre de ses promenades raccourcies d'instants en instants, il comprenait toujours la pièce dans laquelle gisait le fameux dépôt.

A la fin il s'arrêta tout auprès, plaça son fusil contre le parapet, et, s'approchant de la bouche du canon, il en retira le bouchon.

Au même moment une sentinelle voisine donna brusquement l'alarme. Le poste sortit soudainement et Bill, rebouchant le canon, à la hâte, reprit son fusil et chercha du regard la cause de l'alerte.

A un mille environ de la baie on apercevait plusieurs petits feux rouges. Bill se creusait la cervelle pour deviner ce que ce pouvait être, quand un nombre égal de jets de lumière partirent du même point, et il entendit le sifflement d'une bordée de boulets qui fendaient l'espace à une assez grande hauteur au-dessus de sa tête.

Les flottes française et espagnole recommançant le feu interrompu par l'embrasement de la batterie flottante, venaient d'attaquer le midi de la place.

Aussitôt le tumulte éclata de nouveau sur tous les points de Gibraltar. Les tambours battirent aux armes, et, en quelques minutes, les batteries furent pleines d'artilleurs, notamment celle devant laquelle veillait l'ami de Bags.

Les deux complices demeurèrent stupéfaits.

Dix secondes après toute la rangée de canons était pointée, et auprès de chaque pièce se postèrent, immobiles, les servants et un artilleur tenant à la main une mèche allumée.

Alors on eût pu voir, à la lueur bleuâtre des torches, une face livide et bouleversée se dresser derrière un quartier de roc voisin, les yeux hagards et la bouche entr'ouverte, dans une attente poignante, tandis que Bill, le corps rejeté en arrière, paraissait métamorphosé en statue.

« Numéro un, feu ! dit l'officier commandant la batterie au canonnier de la pièce qui recélait le trésor des dignes amis Bags et Bill.

— Non, non, ne tirez pas! » s'écrièrent à la fois deux voix suppliantes.

Et Bags, bondissant brusquement de son embuscade, et Bill, s'élançant violemment vers l'artilleur, vinrent tomber en même temps, haletants tous deux, de chaque côté de la pièce; mais il était trop tard.

La mèche touchait la lumière....

La décharge qui s'en suivit parut briser toutes les fibres du cœur de M. Bags et de celui de M. Bill. La magnifique spéculation sur laquelle ils avaient compté tous deux pour faire fortune venait de finir comme tant d'autres.... en fumée!

Tous deux regardèrent un moment dans la direction de la flamme, comme s'ils eussent espéré voir briller le précieux trésor; puis Bill s'affaissa sur lui-même comme si la vie venait de se briser en lui, et Bags tourna le dos et disparut dans l'obscurité.

Après quelques bordées nouvelles envoyées sans grands effets, les alliés semblèrent reconnaître la mauvaise portée de leur tir et prendre des mesures pour le rectifier.

Alors le feu devint plus actif et plus terrible. Plusieurs boulets atteignirent l'hôpital, et quelques bombes, après avoir percé le toit, vinrent éclater dans les salles mêmes des malades.

Le malheureux Juif Lazaro, en proie à un violent accès de fièvre produit par sa blessure de la veille, fut encore atteint par l'éclat d'une bombe qui fit explosion dans la salle où, par les soins du major, il avait été déposé.

Du même choc le plafond et une partie de la muraille s'écroulèrent et le juif fut bientôt enseveli sous les décombres.

Vers la fin de cette nuit terrible succédant à la journée épouvantable dont nous avons raconté les principales péripéties, Owen et Edwards se rencontrèrent aux batteries basses.

« Eh bien? demanda Edwards; êtes-vous blessé?

— Non, major, grâce au ciel! répondit Owen, ni vous? à ce que je vois.

— Pas davantage!

— Et votre femme?

— Elle est à l'abri de tous dangers.

— Dieu soit loué!

— Et Esther?

— Je n'ai aucune nouvelle. Mes premières recherches sont demeurées infructueuses et ont été interrompues d'ailleurs par la nouvelle attaque. Cependant Mitchell, qui aime beaucoup Esther à ce qu'il m'a affirmé, a parcouru une partie de la montagne, durant les heures dernières, et il n'a rien su, rien vu par lui-même, ni rien appris des sentinelles. On lui a parlé seulement d'une espèce de fantôme blanc qui traverse, paraît-il, presque toutes les nuits les routes, les buissons et les ravins, mais vous comprenez, mon cher major, que ce récit enjolivé des circonstances les plus bizarres et les plus surnaturelles ne mérite pas un seul instant de fixer mon attention. Dès que l'attaque aura cessé, j'explorerai seul la montagne et il faudra bien que je retrouve la pauvre enfant.

— Je vous accompagnerai, Owen!

— Merci, major. J'accepte! »

Et les deux hommes se quittèrent pour se rendre chacun au poste où l'appelait le devoir.

XVI

Owen..

Le lendemain et les jours suivants, en dépit des prévisions d'Owen qui ne pensait pas que l'attaque dût se prolonger, les forces françaises et espagnoles continuèrent à accabler Gibraltar.

Le feu des batteries alliées de terre et de mer réduisit bientôt la ville à néant, et les scènes d'horreur de la journée se renouvelèrent la nuit bien plus terribles encore. Parmi les moindres maux que notent les journaux du siége comme résultant d'une canonnade incessante et qui atteignent ceux qui ne sont pas engagés dans l'action d'une manière assez directe pour distraire leur attention du bruit, un des plus curieux est assurément l'irritation extrême produite par l'interminable continuité des coups, irritation qui, chez les personnes à tempérament nerveux et impressionnable, dégénère en exaspération positive.

Quelques-uns de ces nombreux incidents sont racontés par l'historien Derwentwater, entre autres l'anecdote d'un homme qui, après avoir été pour ainsi dire mis en pièces par l'explosion d'un obus, revint cependant à la vie. Il avait la tête horriblement fracturée, le bras gauche brisé en deux endroits, une jambe à moitié emportée, la peau et les muscles de la main droite déchirés, les doigts coupés et tout le corps meurtri et brûlé par la poudre. Sa personne présentait un objet si horrible, que les chirurgiens n'avaient pas le moindre espoir de lui conserver la vie et qu'ils ne savaient par quel bout commencer pour le panser. Le soir même il fut trépané. Quelques jours après on lui amputa la jambe et on pansa ses autres blessures. Comme il était doué d'une excellente constitution, la nature fit pour lui un miracle, et, au bout de onze semaines, la cure était complète. « Il se nomme Donald Ross, et aujourd'hui, continue M. Derwentwater avec ce qu'on pourrait prendre pour de l'ironie si jamais le digne historien s'était laissé aller à cette figure de réthorique, ce brave soldat, ou plutôt ce qui reste de sa personne, bénit la main généreuse de son souverain qui lui a accordé, pour tout le temps de sa vie, une pension de neuf pences par jour. »

Une des grandes préoccupations des assiégés durant ces jours d'alarme perpétuelle et de dangers incessants, était de mettre à l'abri du feu de l'ennemi et des intempéries du ciel, le peu de provisions alimentaires religieusement conservées.

Les jours se succédant et l'attaque ne cessant pas, on dut aviser aux moyens les plus propres à conserver les éléments indispensables au soutien physique des forces. Une partie des provisions fut empilée sous des voiles de navire et placée derrière les batteries les mieux défendues. Le reste de ce qui ne pouvait pas rester exposé ainsi en plein air fut transporté dans la grotte de Saint-Michel.

Cette grotte est une des plus intéressantes curiosités du rocher de Gibraltar. Son ouverture, très-peu large, du reste, est située sur le flanc de la montagne à plusieurs centaines de pieds au-dessus de la mer.

L'intérieur s'évase en une salle immense dont la

voûte, que l'obscurité empêche d'apercevoir, est soutenue par des pilastres formés de stalactites.

De cette salle principale, rayonnent des souterrains plus étroits qui, par des passages noirs, conduisent à des profondeurs inexplorées. C'est en prenant une de ces voies que, selon la tradition, le gouverneur O'Hara s'était avancé plus loin que ne l'avait encore fait aucun homme, dans une deuxième grotte où il a laissé son épée pour être retrouvée par le premier explorateur qui se montrerait aussi aventureux que lui.

Mais, soit que la tradition ait menti, soit que l'arme ait été enlevée par quelque gnome, ou bien que l'exploit du gouverneur soit resté jusqu'ici sans rival, le fait est que l'épée n'a jamais été retrouvée.

Le soin d'emmagasiner là les vivres fut dévolu au major Edwards, lequel, heureux de pouvoir servir son ami en lui permettant d'explorer la montagne à la recherche d'Esther, toujours introuvable, demanda et obtint qu'Owen fut désigné pour l'aider dans l'accomplissement de cette tâche, qui exigeait, au reste, une grande mesure de précaution et une certaine dose d'expérience et d'habileté.

Donc, un matin, c'est-à-dire quatre jours après la première attaque, et au moment où, sous les décombres déblayées de l'hôpital, on venait de retirer le cadavre mutilé du juif Lazaro, Edwards et Owen, toujours de plus en plus préoccupés du sort d'Esther, et redoutant quelque catastrophe terrible rendue probable par l'absence incompréhensible de la jeune fille et par la pluie de grenades, de boulets et de bombes qui tombait incessamment sur la ville, Edward et Owen, disons-nous, gravissaient le flanc de la montagne pour aller veiller aux travaux s'accomplissant sous leurs ordres.

Le jour était sombre et triste, et un orage récent avait rendu le sentier si glissant que les mules chargées de provisions avaient toutes les peines du monde à le gravir.

En commençant l'ascension de la montagne, Edward et Owen se communiquèrent mutuellement toutes les réflexions que chacun faisait, et sur la fille du juif et sur l'état précaire de la ville; mais peu à peu la difficulté de respirer, causée par la fatigue de la marche, réduisit le major aux monosyllabes, et la dernière partie du trajet s'acheva en silence.

De temps en temps le major s'arrêtait et se retournait, autant pour jouir du panorama que pour reprendre haleine.

Au-dessous de lui, à droite, s'allongeait la partie

méridionale de la ville convertie en des monceaux de ruines, d'où sortaient çà et là une poutre vacillante et un pan de mur qui achevait de s'écrouler ; mais les canons ennemis, aussi bien que ceux qui leur répondaient, étaient invisibles de cet endroit.

Tout à fait au-dessous et en face, le sol offrait un curieux assemblage de tentes et de huttes de toute espèce, où la population, chassée de ses maisons, était venue chercher un abri précaire. Le seul édifice visible qui conservât encore sa première forme, c'était le Couvent, résidence du gouverneur, protégé par des toits à l'épreuve de la bombe, et dont une compagnie d'ouvriers réparait les dégâts à mesure qu'ils arrivaient. La baie, jadis couverte de mâts et de voiles blanches, était dans ce moment nue et triste. On n'apercevait que les croisières ennemies embossées en face, sous la côte d'Espagne.

Owen et le major arrivèrent à l'entrée de la caverne un peu en avance du convoi. A leur grande surprise, une fumée s'en échappait, et, en approchant davantage, leur odorat fut agréablement affecté par une odeur d'épices et de viande rôtie. Ils s'approchèrent sur la pointe du pied et regardèrent à l'intérieur.

M. Bags et un couple d'amis, assis autour d'un feu, faisaient rôtir un cochon de lait savamment retroussé, et pendu par les pieds à une artistique crémaillère. Le feu, à défaut d'autre combustible (le combustible était extrêmement rare à Gibraltar), était entretenu au moyen de petites boîtes de cannelle, volées sans doute dans la boutique de quelque épicier, et comme la flamme baissait, M. Bags la raviva avec un nouveau petit fagot qu'il prit sur un tas de cette odorante écorce placé à sa portée. Mistress Bags, elle, était occupée à arroser ce rôti homérique avec une grande cuiller de fer.

En ce moment, M. Bags frappa de la lame de son couteau sur l'échine de l'animal. Il en résulta un son sec et pétillant qui fit venir l'eau à la bouche des convives, et qui augmenta l'impatience de M. Bags.

« Polly, dit-il à sa femme, je suis d'avis qu'il lui faut cinq minutes encore. »

XVII

La Cassette.

En parlant ainsi, Bags jeta un regard sur les deux autres soldats pour s'assurer si leur opinion concordait avec la sienne.

« Il est à point, dit l'un d'eux en se léchant le pouce et l'index qu'il avait approchés du rôti pour le déguster.

— Quant à moi, dit l'autre, je n'aime pas la viande trop cuite et je n'ai qu'une chose à dire : que ceux qui veulent attendre attendent, et que ceux qui veulent commencer commencent. »

Ce disant, il se leva, le couteau à la main, avec le geste d'un maître d'hôtel.

« Arrêtez encore une minute, dit mistress Bags; je vais vous donner quelque chose pour faire patienter votre estomac »

Et se dirigeant vers un angle de la grotte où était déposé un grand baril, elle emplit un pot d'étain qu'elle tendit à l'impatient amateur du rôti saignant. Celui-ci vida le pot à moitié et passa le reste à ses compagnons.

« La cannelle est meilleure avec le porc qu'avec la plupart des autres viandes, dit Bags; ça gâte le goût de l'oie parce que ça ne va pas avec les oignons, et ça rend la chair du poulet flasque et mollasse; mais avec le cochon, rien de plus exquis !

— Qu'est-ce qu'il reste dans le garde-manger ? demanda un des convives.

— Il y a encore pour une semaine de bonne chère, répondit mistress Bags, et nous pourrons facilement faire durer cela dix ou quinze jours.

— Ma foi ! dit l'autre, on dira ce qu'on voudra des siéges, mais c'est le meilleur temps que j'aie jamais eu.

— C'est très-bien dans le jour, dit Bags; mais les nuits sont froides et la compagnie de ce fantôme n'a rien d'agréable. Je l'ai encore vu la nuit dernière.

— Ah! dit l'ami de M. Bags, fais-nous-en donc la description, Pincettes?

— C'était quelque chose de blanc, dit Bags en baissant la voix, avec des yeux de spectre. C'est toujours aux yeux qu'on reconnait les fantômes. Je me levais pour chercher à boire, car j'avais la gorge enflammée, quand il s'est avancé lentement du fond de la caverne. C'est alors que je vous ai parlé, et je ne l'ai plus revu, parce qu'il avait disparu.

— Les esprits disparaissent toujours quand on parle, dit mistress Bags. Mais laissons là l'esprit et occupons-nous de la chair, ajouta mistress Bags, laquelle, ainsi qu'on le voit, plaisantait parfois assez agréablement. Le porc est juste à point. »

En ce moment intéressant et juste comme chacun se disposait à tomber sur le rôti, les pas des mulles qui approchaient vinrent frapper les oreilles des convives.

Un petit chien se mit aussitôt à aboyer et à sauter après Owen. Ce petit chien, c'était le pauvre Sancho, qu'Esther avait apporté quelques jours avant à Carlotta et dont Owen avait promis de prendre soin.

Le lieutenant avait tenu sa parole et s'était fait promptement aimer par Sancho, lequel le suivant partout, l'avait accompagné ce jour-là sur la montagne.

« Paix ! Sancho... tais-toi ! » dit Owen en écartant le chien qui sautait toujours après lui ; mais Sancho, loin d'obéir, se mit à aboyer plus fort encore, et prenant avec ses dents le pan de la tunique de l'officier, paraissait vouloir l'attirer dans la grotte dont Bags et ses amis obstruaient l'entrée.

A cet instant, les mules et les soldats atteignaient l'endroit où s'étaient arrêtés le major et Owen.

A la vue des deux chefs qui se présentaient brusquement aux délinquants stupéfaits, Bags et ses amis se levèrent vivement avec une inquiétude manifeste.

« Que faites-vous ici, drôles ? demanda le major d'un ton sévère, présageant une punition justement méritée. C'est ainsi que vous avez abandonné les batteries ! Vous passerez en cour martiale comme déserteurs d'abord, et comme voleurs ensuite, car vous avez quitté votre poste au moment du danger, et les objets que vous possédez proviennent du pillage ! »

Les soldats balbutièrent quelques excuses, et, le premier moment de stupéfaction passé, Bags essaya d'implorer son pardon et celui de ses amis, en assurant que tous n'avaient eu d'autre intention que de faire une petite partie pour se distraire des déplorables impressions produites sur eux par les malheurs du siége.

Mistress Bags se joignit aussitôt à l'orateur, et se livra à tous les frais d'une éloquence entraînante, persuadée, qu'elle paraissait être, que l'énumération des familles chez lesquelles elle avait servi et conquis sa réputation de cordon bleu, devait être un argument puissant en faveur des coupables; mais le major, qui lui gardait rancune à propos du jambon brûlé et du poudding manqué, interrompit brusquement le discours de la digne cuisinière en ordonnant à la garde qui arrivait de s'emparer des trois hom- et de la femme, et de les conduire tous quatre au fort.

Mistress Bags fit aussitôt entendre des sanglots déchirants, qui luttèrent d'éclat avec les aboiements de Sancho.

« Qu'a donc ce chien? demanda le major.

— Je ne sais, répondit Owen, mais sa persistance à me tirer en avant commence à m'intriguer, et je vais explorer les grottes.

— Attendez, » dit tout à coup le major, lequel était demeuré immobile en face du festin interrompu, et contemplait d'un œil fasciné la peau dorée du cochon de lait encore à la broche.

Owen lui prit le bras; mais le major insista.

« C'est une idée ingénieuse que ce feu de cannelle, dit-il. Quel goût peut avoir la viande ? »

Owen, qui avait déjà fait quelques pas, ne l'entendit point.

« Avez-vous un couteau sur vous, Franck ? dit le major. Savez-vous que j'ai une fameuse démangeaison de goûter à cet animal ? C'est peut-être un progrès dans l'art culinaire qui vaut la peine d'être constaté. »

Owen n'avait pas de couteau, et aucun de ses hommes n'en avait non plus ; mais l'un d'eux fit remarquer que le sabre du major pouvait bien faire l'affaire.

« Oui, sans doute, dit le major. L'idée est excellente ! Je ne vois pas pourquoi les sabres ne serviraient pas au besoin de couteaux à découper. »

Ce disant, il tira le sien du fourreau et tailla sur le dos du cochon une croustillante bouchée sur laquelle il mit un peu de sel et qu'il porta à sa bouche.

« Délicieux ! s'écria le major. Je vous donne ma parole d'honneur, Owen, que c'est délicieux ! La cannelle lui donne une sorte de... »

Ici, une seconde bouchée plus grosse que la première interrompit l'appréciation critique.

« Il ne doit pas être bien loin de l'heure du goûter, » dit le major s'arrêtant le sabre à la main quand il eut fini d'avaler.

Puis tirant sa montre :

« Dieu me bénisse, dit-il, il ne s'en manque que d'une demi-heure. Croyez-vous que votre besogne vous prenne beaucoup de temps, Owen?

— Une couple d'heures à peu près, répondit Owen.

— Ah! vous voyez donc bien, mon cher ami, reprit le major, que l'heure du goûter sera passée depuis longtemps quand nous rentrerons chez nous. Je ne vois pas, moi, pourquoi nous ne prendrions pas un à-compte dès à présent. On ne peut rien manger de meilleur que ce porc. J'aurais seulement voulu que cette femme se tirât moitié aussi bien de mon diner. Caporal Hodson, voulez-vous me passer un morceau de ce biscuit qui est auprès de vous? »

Et se taillant une large tranche de porc, le major la mit sur son biscuit, et, après l'avoir saupoudrée de sel et de poivre, condiments que n'avait pas oubliés mistress Bags dans ses arrangements gastronomiques, il suivit Owen dans le fond de la grotte en attaquant biscuit et porc à belles dents.

La pente est d'abord rapide de l'entrée de la caverne jusque vers le milieu; mais là elle s'adoucit considérablement. Comme le jour n'arrive qu'à l'entrée, l'obscurité de l'intérieur est presque impénétrable à l'œil.

Les soldats avaient apporté des torches pour procéder à l'emmagasinement des vivres. Quand on eut trouvé un lieu convenable pour ranger les provisions, on colla les torches dans différents endroits contre les parois du rocher; puis on commença à décharger les mules sur les ordres du major, lequel, tout en trouvant son goûter excellent, n'oubliait pas cependant son devoir,

Sancho s'acharnait alors de plus en plus après Owen, aboyant énergiquement, courant devant l'officier, revenant à lui et l'invitant évidemment à le suivre. Bientôt même les cris du chien prirent un accent plaintif et désespéré.

De plus en plus étonné, Owen prit une torche et s'avança dans la direction que lui indiquait Sancho. Aussitôt le chien bondit en avant, poussa des hurlements sonores et disparut dans une sorte de galerie s'enfonçant dans l'intérieur inexploré de la grotte.

Le major était demeuré auprès de ses hommes. Tout à coup il entendit un cri retentir sous les voûtes et la voix d'Owen l'appelant avec instance.

Le major se précipita, craignant que son ami ne fût en danger. Deux soldats le suivirent.

Bientôt ils rejoignirent Owen, lequel debout, sa torche à la main, paraissait foudroyé par le spectacle de ce qu'il avait sous les yeux. Le major, en arrivant, poussa une exclamation d'horreur répétée par les deux soldats.

Sur le rocher était étendu un corps renversé sur le dos.

La figure était livide, les membres roidis et une grande plaie encore ensanglantée déchirait la poitrine. Deux ou trois gouttes de résine enflammée qui tombèrent en ce moment de la torche approchée par l'un des soldats, sur la gorge du malheureux, ne lui firent faire aucun mouvement, bien qu'elles l'eussent brûlé à vif.

Cet homme était mort.

Près du cadavre, un autre corps était couché la face contre terre; le corps était celui d'une femme, et dans cette femme Owen avait reconnu la pauvre Esther.

La torche jetait une lueur rougeâtre sur ces deux êtres immobiles et sur le visage stupéfié du soldat qui la portait. Puis la lumière vacillante, après avoir été reflétée sur les saillies du roc, allait se perdre dans le sombre espace de la vaste grotte.

Quelques années plus tard, le major avoua qu'il

avait été bien souvent visité dans ses rêves par ce lugubre groupe à la Rembrand.

« Est-elle morte? demanda Edwards en s'arrachant enfin à cette pénible contemplation.

— Je ne sais, » répondit Owen.

Les autres soldats étaient accourus. On releva le corps de l'homme : ce corps était roide et froid.

Quant à Esther, son cœur palpitait encore. Quelques gouttes d'eau-de-vie qu'on lui administra, faute d'autres médicaments, parurent la faire revenir à elle; mais sa faiblesse était si grande qu'elle ne pouvait parler.

« Transportez-la chez moi! dit vivement le major. Accompagnez-la, Owen! Je n'ai plus besoin de vous! Allez!...

— Et ce cadavre? demanda un soldat.

— Conduisez-le à l'hôpital, afin qu'il y soit inhumé! »

Le soir même, les soins intelligents d'un médecin, ami d'Owen, et la tendre sollicitude de Carlotta, la charmante femme du major, avaient rappelé Esther à la vie; mais une fièvre abominable s'était déclarée et la jeune fille avait le délire.

Quelques jours après la fièvre céda et le mieux se fit sentir.

Gibraltar était alors plus calme : l'attaque avait

complètement échoué, les assiégeants se contentaient de bloquer la ville sans la bombarder, et les habitants n'avaient plus d'autre préoccupation que celle assez sérieuse de se procurer des vivres.

Owen s'était presque installé chez Edwards et ne quittait le chevet de la malade que lorsque son service l'appelait impérativement au dehors.

Enfin, avons-nous dit, la jeune fille entra en convalescence. Elle ignorait encore la mort de son père, et Carlotta se chargea de lui apprendre ce douloureux événement; mais ce qu'Owen voulait savoir surtout, et ce qu'il n'osait demander, c'était le secret de la conduite d'Esther, la cause de son séjour dans la grotte, et surtout ce qu'était l'individu trouvé mort près d'elle.

Peu à peu cependant Esther devint plus forte, et elle fut bientôt en état de soutenir une conversation prolongée.

Le major, désireux du bonheur d'Owen, dont il remarquait la passion croissante pour la fille du juif, le major se décida un soir à interroger Esther.

Aux premiers mots prononcés, la pauvre enfant éclata en sanglots, et, à la demande formelle du major sur ce qu'était l'homme enfermé dans la grotte :

« Cet homme était mon frère ! dit Esther en pleurant.

— Votre frère ? fit le major avec étonnement.

— Oui, reprit la jeune fille, mon frère, que mon père avait chassé jadis de sa maison, qu'il avait maudit, et qui était allé s'établir à Tarifa. Il venait souvent et en cachette me voir à Gibraltar, car, depuis notre enfance, la plus tendre amitié nous unissait. Quelques jours avant la dernière attaque, il avait bravé tous les dangers et avait voulu tromper les chaloupes ennemies pour venir encore. Nous nous voyions ordinairement la nuit dans la montagne ; mais le petit canot qui l'avait amené cette fois avait été poursuivi par les Espagnols et était tombé en leur pouvoir. Mon frère n'avait échappé que par un miracle de la Providence, et était parvenu à gagner le rocher à la nage. Privé de moyens de repartir par suite de la perte de son embarcation, il s'était réfugié dans la grotte, où j'allais chaque nuit lui porter des provisions. La nuit de l'attaque, la nuit où je vous rencontrai, continua Esther en s'adressant au major, mon frère devait tout tenter pour retourner à Tarifa. Nous nous dirigeâmes ensemble vers la mer, où devait l'attendre un canot ami, lorsqu'une bombe, tombée à côté de nous, éclata soudain et blessa mortellement mon frère. Je le transportai comme je pus dans la grotte... »

Esther s'arrêta. L'émotion que lui causait le récit

qu'elle faisait l'agitait vivement, et le major voulut lui imposer silence ; mais la jeune fille reprit la parole, après quelques instants de repos.

Elle raconta qu'après des efforts inouïs elle s'était établie avec son frère au fond de la grotte. Epuisés tous deux, Esther par la fatigue, et le jeune homme par le sang qu'il avait perdu et qu'il perdait encore, ils avaient passé une nuit horrible dont on devine aisément les angoisses. Bientôt le frère de la pauvre enfant avait senti ses derniers moments arriver, et il était tombé en faiblesse.

Esther, folle de douleur, avait voulu quitter la grotte. C'était le lendemain matin de l'attaque ; mais au moment de sortir, elle avait aperçu soudain Bags et ses acolytes qui rentraient alors de leur expédition en ville.

En reconnaissant l'homme qui, l'avant-veille au soir, avait voulu s'emparer d'elle (pour le compte de Van Dessel, ainsi que le lecteur le devine, et que la chose s'expliqua plus tard), en voyant cette femme, mistress Bags, à laquelle elle n'avait échappé que par la fuite et avec le secours de la nuit, Esther, effrayée, éperdue, avait promptement battu en retraite, et s'était rejetée dans le fond de la grotte.

La jeune fille demeura donc près du blessé. Pendant ce temps les maraudeurs s'installaient dans la caverne et passaient leurs journées à manger, à boire, à chanter, à se quereller et à débiter des propos menaçants qui avaient porté à son comble la terreur de la fille de Lazaro.

Deux fois pendant la nuit, poussée par la faim, car elle n'avait aucune provision, Esther avait essayé de sortir, mais elle avait toujours trouvé l'un de ces hommes couché en travers de l'entrée, de manière qu'il était impossible de passer sans l'éveiller, et une fois l'un deux se leva comme pour la poursuivre (sans doute Bags quand il crut avoir affaire à un revenant). Néanmoins Esther avait rassemblé tout son courage, dans deux occasions, pour ramasser quelques débris de nourriture épars autour du feu, ayant soin, chaque fois, de laisser une pièce de monnaie en payement.

Une nuit, elle avait pu se procurer une chandelle, à l'aide de laquelle elle reconnut que son malheureux frère avait perdu presque tout son sang et qu'il n'avait que peu d'instants à vivre.

Elle avait alors bandé les plaies avec des morceaux de ses vêtements et elle avait essayé de faire prendre au moribond un peu d'aliments qu'elle s'était procurés, mais elle n'avait pu lui faire avaler autre chose que de l'eau. Cependant, quelques heures après, elle ne savait pas exactement le temps, mais c'était pendant la nuit, avant qu'Owen et son ami ne les eussent trouvés, le frère s'était roidi dans une convulsion suprême et avait expiré entre les bras de la jeune fille.. Esther ne se rappelait plus rien, à partir de cet instant jusqu'à celui où elle avait repris ses sens dans la maison du major.

On comprend combien ce récit, quelque douloureux qu'il fût, tranquillisa le lieutenant.

Le lendemain, Mittchell, le soldat auquel Esther avait jadis donné quelque argent, alors que Lazaro avait refusé de lui prêter sur gages, Mittchell vint chez le major et remit à Carlotta un papier qu'il avait découvert dans les habits du vieux juif, que lui avait abandonnés un garde d'hôpital, auquel ils étaient échus en partage.

Ce papier était un testament entièrement écrit de la main d'Isaac, et dans lequel il parlait d'une cassette contenant son trésor et qu'il léguait à sa fille.

Carlotta ne dit rien à Esther, mais communiqua le papier à son mari et à Owen.

Ceux-ci se mirent aussitôt en campagne, et le jour même, ils descendirent dans la ville pour aller visiter minutieusement la maison du juif.

Au milieu de la dévastation générale, ils eurent peine à retrouver le lieu exact. La place ne présentait qu'un monceau de ruines. Quelques provisions et marchandises avaient été laissées par les pillards, mais le tout était mêlé aux décombres et inondé par les flots de liqueurs et de mélasse échappés des tonneaux défoncés.

Owen, en fouillant parmi les débris, remarqua au milieu d'un des murs renversés, un espace ouvert comme si quelque cachette y eût été pratiquée. Avec l'aide de la canne du major, il parvint à dégager le plâtre d'alentour et ils découvrirent, en effet, dans l'épaisseur de la muraille, une espèce de placard fermé d'une petite porte de fer. Au fond, était une cassette également en fer, qu'ils enlevèrent, non sans peine, car elle était d'un poids énorme, eu égard à sa dimension. Rapporté chez le major, ce coffre y fut ouvert, et l'on trouva à l'intérieur plus de six cents doublons (environ cinquante mille francs) et un grand nombre de lettres de change et d'obligations, la plupart de celles-ci souscrites par des officiers. La dernière était celle de Van Dessel. Suivant le désir d'Esther, le major rendit ces obligations aux personnes dont elles portaient les signatures.

Deux mois après, Esther épousait Owen.

XVIII

Le Rocher.

L'anecdote historique que je viens de rapporter et dont les principaux détails ont été extraits du journal même du siége de Gibraltar, m'a entraîné en dehors des événements militaires dont l'aventure d'Esther se trouvait être la conséquence.

La mauvaise réussite de l'attaque faite par les troupes combinées françaises et espagnoles, n'avait point cependant déterminé les alliés à abandonner le siége.

Ils continuèrent à serrer la place, espérant qu'ils parviendraient avec le temps, à épuiser les ressources des assiégés, mais vers le milieu du mois suivant, l'amiral Howe profitant des tempêtes qui agitaient l'Océan, parvint à ravitailler la place. Ensuite il entra dans la Méditerranée.

La flotte franco-espagnole se mit immédiatement à sa poursuite, mais l'amiral anglais parvint à lui échapper à l'aide de savantes manœuvres, et quelques jours plus tard il repassa tranquillement le détroit.

Ces contre-temps causèrent un violent dépit et un certain découragement parmi l'armée assiégeante. Le comte d'Artois et le duc de Bourbon voyant que les opérations du siège traînaient en longueur, reprirent le chemin de la France.

Le siége fut dès lors et de nouveau converti en blocus. Le duc de Crillon fit creuser deux mines et poussait les travaux avec ardeur, dans l'espoir que ces mines lui donneraient sa revanche de la journée des batteries flottantes, quand la paix dont les préliminaires furent signés en janvier 1783, vint couper court au siége et mettre définitivement l'Angleterre en possession de Gibraltar.

Ce fut alors que les Anglais commencèrent ces gigantesques travaux qui font de ce rocher, extrême point sud de la vieille Europe, la forteresse la plus formidable de l'univers entier. Gibraltar n'est pas une ville, c'est un parc de canons, et si quelque chose était impossible à la valeur française, on pourrait penser que Gibraltar est imprenable, mais ce que je dis en toute conscience et abstraction faite même de tout amour propre national, c'est que Gibraltar défendu par les Anglais, n'est prenable que par les Français.

Je me rappelle parfaitement que, placé en contemplation devant ce rocher hérissé de canons de sa base à son sommet, je me reportais à l'époque des siéges successifs de la forteresse anglaise, et en pensant à cette bonne et ardente armée d'Afrique que je venais de quitter depuis peu de jours, je me figurais une grappe de zouaves, de turcos, de chasseurs, festonnant ce roc noirci et je vous assure que le mot imprenable disparaissait complètement sous les uniformes français.

Certes, je suis loin, bien loin, de désirer la guerre surtout avec l'Angleterre, mais je suis convaincu que les troupes qui ont escaladé les hauteurs de l'Alma, les bastions de Sébastopol, les mamelons de Solferino et les gorges des Beni-Snassem, iraient hisser l'aigle de France à la drisse de la vigie.

Au reste, l'Angleterre entasse précaution sur précaution pour conserver sa singulière conquête. Elle entretient à Gibraltar une garnison toujours considérable, elle ne donne le commandement de la place qu'à des militaires d'une fidélité éprouvée. Jadis, même, on forçait le gouverneur de Gibraltar à laisser, comme ôtage, sa famille en Angleterre.

En pleine paix, la vigilance la plus active, la plus minutieuse est exercée à toute heure, à tout instant.

Les étrangers ne peuvent passer que vingt-quatre heures dans la ville. Pour un séjour plus long, il faut une permission du gouverneur ; permission qui ne s'obtient qu'avec le cautionnement de deux habitants, et dont la durée ne peut s'étendre au-delà d'un mois.

Les portes s'ouvrent à six heures du matin et se ferment à six heures du soir. Un coup de canon est tiré pour l'ouverture et un autre pour la fermeture.

De six heures du soir à six heures du matin, personne ne peut plus entrer ni sortir.

Les marchands non domiciliés, sont forcés de quitter la ville avant la fermeture des portes, et n'y rentrent que le lendemain. Les habitants domiciliés ne peuvent eux-mêmes aller la nuit dans les rues, que munis d'une lanterne et d'une carte de sûreté.

Ainsi que je l'ai dit déjà, je faisais provisoirement partie alors de l'équipage d'une corvette de guerre en ma qualité d'invité de l'état-major du Lavoisier, et grâce à cette protection de la marine française que l'amitié m'avait acquise, je jouissais de tous les privilèges attachés au titre d'officier.

Outre la permission de séjour dans la ville, nous avions celle d'en sortir passé l'heure ordinaire. Ainsi, le soir à dix heures, une petite poterne s'ouvrait spécialement pour nous, un canot du Lavoisier attendait au bas de l'escalier et nous regagnions la corvette dont les lits nous paraissaient infiniment préférables à ceux des hôtels de la ville dont nous avions essayé la première nuit de notre débarquement.

Mais il fallait être exact! La poterne s'ouvrait au premier coup de dix heures et se refermait au dernier. Arrivé avant l'heure on devait attendre, arrivé après on ne passait plus.

Outre ces avantages résultant de mon intimité avec les officiers du Lavoisier, le hasard, qui décidément semblait vouloir me servir de son mieux, me réservait à Gibraltar une heureuse rencontre.

Le lendemain de notre débarquement et comme

nous sortions de l'hôtel Griffith, après avoir absorbé un déjeuner qu'une faim canine pouvait seule nous faire trouver mangeable, nous pensions nous diriger vers les fortifications, mais une réflexion nous avait vivement contrariés.

La visite des fortifications à Gibraltar est fort difficile à accomplir. L'entrée des galeries surtout est presque inaccessible. Il faut toute une série de formalités pour y pénétrer et les démarches à faire ne nous plaisaient que fort médiocrement. D'un autre côté, les galeries sont ce qu'il y de plus curieux à parcourir, et voir Gibraltar sans voir ces immenses travaux me paraissait, à moi surtout touriste curieux, une véritable et désolante déception.

Néanmoins, la loi anglaise était formelle, et l'éluder était impossible. Nous étions donc là à réfléchir et à hésiter, nous promenant pas à pas sur la place d'armes, lorsque tout à coup je me sentis frapper rudement sur l'épaule.

Je me retournai brusquement et je me retrouvai face à face, ou pour être plus vrai nez à nez avec un grand gaillard de cinq pieds six pouces, portant le pantalon blanc, la veste rouge, la casquette galonnée des officiers anglais et revêtu des insignes du grade de major dans l'armée britannique.

Je demeurai assez ridiculement étonné en présence de ce gentleman dont la jolie figure encadrée de favoris blonds exprimait un sentiment de joyeuse affabilité dont je ne comprenais pas le moins du monde la cause.

Trois autres jeunes officiers anglais étaient derrière le major.

Comme je regardais toujours avec étonnement ce dernier, il partit d'un grand éclat de rire.

« Ah çà ! s'écria-t-il en excellent français, que diable viens-tu faire à Gibraltar ?

— Ce que je viens faire à Gibraltar? répondis-je. Mais, d'abord, qui diable es-tu toi-même?

— Tu ne me reconnais pas ?

— En aucune façon !

— Comment! les souvenirs de collége sont déjà aussi loin de ton esprit? Tu ne reconnais plus un vieux condisciple de Bourbon, un ami de classe?... Gordon, enfin !

— Ah ! m'écriai-je avec joie, car la mémoire m'était subitement revenue pendant les dernières phrases prononcées par le major, c'est toi!... »

Et nous nous embrassâmes tous deux avec une émotion bien compréhensible. Il y avait une dizaine d'années que nous ne nous étions rencontrés. Gordon était effectivement un de mes anciens camarades d'étude ; sa famille l'avait envoyé passer une partie de son enfance à Paris, et il était retourné en Angleterre pour prendre du service dans l'armée.

Je lui présentai immédiatement mes bons amis du Lavoisier ; il nous présenta ensuite les trois officiers qui l'accompagnaient, et ces messieurs nous déclarèrent aussitôt leurs invités pour tout le temps que nous passerions à Gibraltar.

Il fallut dès lors nous laisser diriger. Gordon appela un soldat, lui donna des ordres relatifs à l'excursion que nous avions projetée et nous fûmes emmenés au cercle des officiers du régiment où nous dûmes vider quelques excellentes bouteilles de champagne frappé à la neige pour mieux cimenter l'alliance anglaise et française.

Gordon me raconta alors qu'il attendait un navire devant le conduire aux Indes. Le brave garçon était enchanté de son futur voyage. Hélas ! il était loin de s'attendre au funèbre sort que lui réservait le destin.

Durant l'insurrection, Gordon, marié et enfermé avec sa femme dans une petite forteresse, se vit assiégé par les rebelles. Ses soldats furent tous tués ; il resta seul avec sa jeune compagne. Les ennemis l'entouraient de toutes parts, et pour éviter à sa femme les horribles supplices que réservaient les révoltés à leurs prisonnières, il la tua d'un coup de pistolet et se brûla ensuite la cervelle. Les correspondances des Indes ont donné de sanglants détails sur cet épisode affreux de l'insurrection.

Mais à l'époque où je le trouvai à Gibraltar, Gordon, heureux et confiant dans l'avenir, se laissait vivre avec cette charmante insouciance de la jeunesse.

Les bouteilles vidées, nous nous mîmes en route. Cette fois nous avions pour guides quatre officiers de Sa Majesté Britannique, et tous les secrets des fortifications allaient, par faveur, se révéler à nous.

La chaleur était excessive, mais nous n'avions pas le choix des instants. Après avoir gravi un certain nombre de petites rues dans la plupart desquelles il y a des marches taillées dans le roc et qui ont certes plus de droit au titre d'escaliers qu'à celui de « street, » nous arrivâmes à une haute porte solidement fortifiée.

C'est là que s'arrêtent d'ordinaire les voyageurs. Un poste barre la route et il faut exhiber les permis pour passer outre. Nos guides furent salués par les soldats et nous passâmes sans le moindre temps d'arrêt.

Nous étions alors engagés, marchant à la file

attendu le manque d'espace en largeur, dans un petit chemin creusé dans le roc et conduisant aux premières galeries couvertes.

Le rocher de Gibraltar est un calcaire compacte d'un blanc jaunâtre à grain fin et serré, sorte de marbre vulgaire qui offre une résistance considérable à tous les instruments. C'est dans cette montagne que l'art aidé par la patience et la volonté est parvenu à creuser des galeries superposées, formant cinq étages successifs de batteries.

Toutes les galeries se ressemblent. Elles ont été commencées vers 1790 et depuis cette époque on y a constamment travaillé et on y travaille encore. Partout la solidité extrême du roc a rendu absolument nécessaire l'emploi de la mine pour creuser ces interminables couloirs.

La montagne entière est excavée ainsi sur une étendue de trois à quatre kilomètres.

Les galeries sont disposées de manière à ce que les ouvertures faites au rocher pour donner air et jour à l'intérieur servent d'embrâsures à des pièces de gros calibre destinées à lancer des boulets dans toutes les directions.

Elles vont toutes et toujours en pente. Il a fallu un véritable travail herculéen pour monter là et y établir ces énormes canons et tous les engins de mort qui les accompagnent.

De temps en temps la galerie offre un grand évasement du côté de la surface du rocher : c'est une sorte d'excavation arrondie comme une rotonde qui s'ouvre au dehors par une ou deux fenêtres destinées à recevoir la volée des canons.

A chaque étage de galerie on rencontre une vaste salle où il y a assez de place pour une batterie tout entière. Les gouverneurs donnent parfois des bals dans ces cavernes artificielles.

Devant, derrière, à gauche, à droite, on rencontre des canons durant cette promenade à travers ce parc d'artillerie. C'est quelque chose d'incroyable!

Ici, sur des tréteaux en fer scellés dans le roc, il y a tous les ustensiles nécessaires au service de la pièce placée à côté. Là sont des petits parcs à boulets et à paquets de mitraille. Plus loin des caissons contenant des gargousses.

Vers le milieu du rocher, au-dessus de la seconde galerie est une énorme caverne creusée à la mine et transformée en un vaste magasin d'artillerie.

Une compagnie d'artilleurs est régulièrement de corvée dans le magasin ; travaillant à monter des affûts, à dérouiller des boulets, à confectionner des gargousses, le tout sous une température qui permettrait de faire durcir des œufs frais.

La chaleur est là plus effrayante, plus abominable que sur aucun autre point du rocher, car le magasin est situé en plein midi et sans la moindre protection contre les ardents rayons du soleil, si ce n'est ces auvents en châssis de toile ou à toit de paille semblables à ceux sous lesquels s'abritent les sentinelles.

En entrant dans le quatrième étage des galeries j'étais émerveillé par l'extrême variété de canons que j'avais déjà rencontrés. Il y en a de toutes les formes, de tous les modèles, de tous les systèmes et modifiés suivant les circonstances et suivant la destination spéciale donnée à chacun d'eux.

Il y en a qui sont disposés de telle sorte que leur tir peut être vertical en bas et qu'une terrible mitraille inonderait ceux qui seraient tentés d'escalader le rocher. D'autres sont mobiles latéralement : la base de l'affut roule sur un plan semi-circulaire qui permet de balayer l'horizon dans une étendue très-considérable.

En quittant les galeries il faut monter, monter encore, monter toujours pour atteindre le sommet du rocher, là où se dresse la vigie. Je dois ici rendre hommage aux gracieuses attentions de messieurs les officiers anglais.

La chaleur était accablante, le soleil au-dessus de nos têtes et la fatigue assez rude. A chaque galerie nous trouvions des rafraîchissements préparés, des cigares et des siéges rassemblés soit dans une rotonde soit dans une des grandes salles.

Mais, entre la galerie supérieure et l'entrée de la grande grotte naturelle de Gibraltar, la course est longue et nous n'avions rien à espérer. Aussi étions-nous haletants, épuisés, à moitié fondus et presque complètement grillés, lorsque nous atteignîmes la petite plate-forme placée en face l'entrée de la grotte.

Cette grotte mystérieuse, dont personne ne connaît la capacité, que l'on croit aussi profonde que la montagne est haute, car on suppose que l'ouverture, qui s'enfonce sur une pente assez rapide, finit par se perdre verticalement jusqu'à la mer ; cette grotte a quelque chose d'imposant, de triste et de sauvage, qui fait frissonner lorsqu'on pénètre sous sa première voûte.

Nous nous engageâmes, conduits par nos guides, dans une obscurité à peu près complète ; mais une surprise, nouvelle attention de nos officiers anglais, nous attendait à notre entrée.

Tout à coup des feux de couleurs illuminèrent la grotte, et nous poussâmes tous un cri d'admiration suivi aussitôt d'un cri de joie non moins sincère, non moins vif.

Les feux de Bengale, allumés par des soldats envoyés en avant, éclairaient de la façon la plus émouvante les merveilleuses stalactites dont fourmille cette caverne. C'était un coup d'œil réellement féerique, et ces lumières, tantôt rouges, tantôt vertes, tantôt orangées, allant se perdre dans les fonds inexplorés, avec des effets à chaque instant différents doublaient encore l'aspect fantastique du spectacle qui nous avait arraché un cri d'admiration.

Quant au cri de joie, j'ai aujourd'hui presque honte de le dire : c'était la vue d'un excellent repas dressé sur le sol même de la grotte qui nous l'avait fait pousser.

Gordon et ses amis nous fêtaient de la façon la plus charmante. Le souvenir de ce dîner fait dans cette grotte, sous la lumière incessante des feux de Bengale, ne sortira jamais de ma mémoire.

Parfois des ombres rapides passaient brusquement au-dessus de nos têtes, des cris aigus retentissaient dans les profondeurs de la caverne, et des corps agiles semblaient voltiger d'aiguilles en aiguilles de stalactites.

C'étaient les singes libres habitant le sommet de la

montagne, et se retirant durant les heures les plus chaudes du jour, dans l'intérieur de la grotte. Notre présence les troublait dans les douceurs de la sieste, et la vue de nos aliments excitait leur gourmandise.

Après un excellent repas gaiement partagé, nous allâmes visiter les fortins bâtis sur la crête même du rocher, ainsi que la vigie et les mâts de signaux, et nous demeurâmes une heure entière à jouir du magnifique panorama qui se déroulait autour de nous.

C'est peut-être le plus beau coup d'œil qu'il soit donné à l'homme de contempler.

A droite, nous avions le détroit resserré entre les deux continents, dont les contours capricieux se dessinaient nettement sur le fond bleu de la mer. A nos pieds le golfe de Gibraltar, Algésiras, San Roques, les villes espagnoles. Plus loin la pointe de Tarifa, vis-à-vis d'elle la baie de Tanger, et plus loin encore l'immensité de l'Océan atlantique.

A gauche la Méditerranée couverte de voiles et roulant ses flots vers l'Océan.

En face de nous l'Afrique : la montagne des Singes, Ceuta, Tétouan avec ses forts et sa rivière.

Derrière nous, l'Espagne : l'Andalousie avec sa végétation si splendide.

Le ciel était bleu ardoise, et le soleil, descendant

vers l'Océan, lançait autour de nous des torrents de jets lumineux. Nous avions oublié la fatigue de la journée, la chaleur qui nous accablait, tout ce que nous venions de voir. Le passé et l'avenir n'existaient plus, nous étions absorbés par la contemplation présente, et le magnifique panorama qui éblouissait nos yeux nous avait complètement fascinés.

XIX

L'Angleterre en Espagne.

Le soleil descendait rapidement vers les flots de l'Océan qu'il embrasait de ses rayons, et de légers voiles de vapeur d'une nuance violacée s'amoncelant au-dessus de la Méditerranée, indiquaient l'approche du soir.

La brise venait de s'élever et les plis du pavillon anglais hissé au faîte du rocher se déroulaient lourdement avec un clapotement sec.

Il était temps de quitter le sommet de la montagne et de songer à regagner la ville. Nous nous arrachâmes donc à la contemplation du merveilleux coup d'œil dont nous jouissions depuis plus d'une heure déjà sans nous apercevoir de la longueur du temps écoulé, et nous nous mîmes en marche. La descente se fit lentement : nous franchîmes en sens contraire cette fois la porte fortifiée conduisant aux batteries, et nous allions nous diriger vers l'hôtel, lorsque Gordon et ses amis nous entraînèrent dans une direction opposée.

Obéissant sans la moindre résistance, nous débouchâmes dans la grande rue de Gibraltar, et, tournant brusquement à gauche, nous sortîmes de nouveau de la ville.

Nous étions alors arrivés à « l'Alameda » (la promenade). Des arbres magnifiques opposaient aux derniers feux du soleil leur ombrage touffu, et étendaient sur un long et large espace leur ombre fraîche et protectrice.

Des allées merveilleusement alignées s'offraient aux piétons, un immense cours s'étendait en longeant ces allées et présentait sa chaussée macadamisée aux chevaux et aux voitures.

La foule encombrait la promenade au moment où nous y pénétrions... mais là encore, comme à mon entrée à Gibraltar, j'éprouvai une sensation d'étonnement pénible. Je n'étais plus en Espagne... j'étais en Angleterre.

L'Alameda devenait « Hyde Park. » C'était une copie conforme à l'original des bords de la Tamise.

Tout, promenade et promeneurs, avait l'aspect anglais. La végétation méridionale elle-même avait été remplacée par des plantations du nord. Là où croissaient jadis les palmiers, les orangers, les bananiers, se dressaient des frênes, des bouleaux, des ormes, des peupliers, au feuillage grillé par le soleil et rongé par la poussière.

Cette ombre si fraîche et qui m'avait si fort séduit de loin perdait, vue de près, son aspect enchanteur. A peu de distance on apercevait des cottages bâtis en brique avec leurs fossés, leurs grilles et leurs barrières peintes.

Dans les allées, des dames anglaises, des miss, des femmes de chambre, des officiers anglais, des soldats anglais, des marchands anglais.

Sur les chaussées, des cavaliers anglais, des chevaux anglais, des voitures anglaises et partout la roideur britannique.

La seule chose qui contrastât avec ce spectacle des promenades de Londres, c'était la pureté du ciel. Pas le moindre brouillard. Je m'étonne que les

Anglais n'aient pas encore eu l'idée de faire peindre un ciel gris pour en coiffer le rocher de Gibraltar Espérons que cette amélioration sera comprise un jour ou l'autre.

Au reste, rien n'est plus extraordinaire que l'individualité anglaise : elle se retrouve partout et toujours là où se trouve un sujet des Trois-Royaumes.

En quelque lieu qu'il soit, l'Anglais est Anglais avant tout, et s'il possède un coin de terre au fond d'un pays sauvage, il en fait aussitôt une reproduction d'un coin de terre anglais.

Est-ce une preuve de l'amour de la patrie? Peut-être, mais alors comment expliquer ce besoin impérieux de séjour en pays étranger qui leur fait quitter si facilement le sol natal?

N'est-ce pas plutôt *manie* et amour exclusif des habitudes prises? Ce qu'il y a de certain c'est qu'un Anglais voyage comme un colimaçon, emportant avec lui sa maison entière. Il lui faut partous son thé, ses rumpsteaks, ses tartes de rhubarbe, sout porter et son sherry s'il se porte bien, et son calomel s'il se porte mal.

C'est inimaginable ce qu'il se donne de mal sous prétexte d'établir le *comfort* et le *at home* nécessaires à son existence.

Après deux tours de promenade j'avais le spleen

et malgré moi je regardais sans cesse mon pantalon d'une entière blancheur, persuadé que j'allais voir fourmiller sur la toile éclatante ces myriades de points noirs, sorte de neige formée par la fumée du charbon de terre et qui, à Londres, interdit les vêtements clairs.

Au centre de l'Alameda la musique anglaise d'un régiment anglais exécutait une symphonie anglaise. Je dis *symphonie* par politesse pour le souvenir de Gordon et de ses compagnons. La musique anglaise est une éternelle reproduction du *God save the king* composé par un Français et dénaturé en passant le détroit.

Enfin, le charivari cessa, la nuit vint et, au lieu de jouir de sa fraîcheur charmante, chacun s'empressa de rentrer en ville : c'était l'heure du thé!

Nous étions horriblement fatigués par notre excursion de la journée, et après avoir pris congé des aimables hôtes que nous avait donnés ma fortuite rencontre avec un ancien camarade de collége, nous regagnâmes notre chaloupe en prenant rendez-vous pour le lendemain.

Effectivement, le lendemain, à l'heure dite, nous déjeunions gaiement à la *mess* des officiers. L'argenterie, les cristaux, le linge le plus fin, les comestibles, les vins de haut crû, rien ne manquait à ce repas, et chaque jour la table des officiers est ainsi servie dans l'armée anglaise.

Après déjeuner nous allâmes visiter la ville en détail. Sous le rapport de la cité, Gibraltar n'offre rien de bien curieux. La grande rue est régulière. La place qui forme entrée dans la ville, du côté du môle, est encore un lieu de promenade. De grandes casernes sont bâties tout autour.

Nous visitâmes l'une d'elles, et nous fûmes frappés du luxe qui y régnait. Les soldats anglais mangent dans une vaisselle fort soignée, se servent de couverts et de timballes d'argent, ont des nappes sur leurs tables de dix couverts chaque, et (Dieu me pardonne si je me trompe!) des serviettes dans quelques tiroirs!

Les souvenirs des bivouacs d'Afrique me revenaient en foule, et je me demandais comment des troupes habituées à tout ce bien-être pourraient supporter une campagne active, ou quel extraordinaire matériel il leur faudrait emporter.

Le camp établi en dehors de la ville devait bien autrement nous étonner encore. Ces tentes, parquetées, doublées, garnies de meubles et d'ustensiles, sont d'un aspect fantastique pour l'homme qui a vu des campements de soldats français.

Après les casernes visitées, nous allâmes voir le palais du gouverneur, puis une église catholique dont le principal autel est orné d'une bonne copie de la Transfiguration de Raphaël Quant à l'église protestante, elle était naturellement fermée.

Vers deux heures, nous nous acheminâmes par la promenade vers la pointe d'Europe. La pointe d'Europe, qui se trouve près du port militaire, est une langue de terre s'avançant au-delà de la pointe du rocher et que le gouvernement anglais a transformée en véritable arsenal.

Jamais, même durant notre excursion de la veille, je n'avais vu un tel rassemblement de canons. Il y en a plusieurs étages en batteries, et cette partie du rocher en est littéralement couverte.

Cette artillerie incessante, que l'on heurte à chaque enjambée, finit par fatiguer abominablement l'œil et l'esprit. Cette profusion de moyens défensifs n'a même à la longue rien de bien imposant.

Le soleil, tombant d'aplomb sur nos têtes, nous cuisait à grand feu et ne contribuait pas peu à diminuer les joies de la promenade. Heureusement il était l'heure de nous rendre chez le consul de France, lequel nous avait invités à dîner pour ce jour même, et, au moyen d'une calèche qui se trouva là à point nommé, nous rentrâmes à Gibraltar.

Le soir, à dix heures, nous étions à la poterne, et au signal donné par le chef du poste, nous descendions dans le canot major du Lavoisier qui nous attendait monté par ses douze rameurs. Nous nous étendîmes sur les bancs de l'arrière; Ozouf, le patron du canot, un vieux matelot breton qui avait vu pas mal de naufrages et nombre de dangers de tous genres, donna l'ordre de pousser, et les avirons tenus horizontalement s'abaissèrent par un même mouvement.

Chaque soir, c'était une fête que ce retour au Lavoisier. Les nuits étaient splendides : le ciel bleu foncé, tout parsemé d'étoiles, éclairait merveilleusement le golfe. La mer, calme et unie, ressemblait à un miroir: sa phosphorescence était admirable ; chaque fois que les avirons se relevaient, ce n'étaient pas des gouttes d'eau qui jaillissaient de leur bois poli, c'était une pluie lumineuse d'étincelles qui tombait en cascade autour de l'embarcation et une longue traînée de feu dessinait le sillage creusé par la quille du canot.

Certains spectacles se gravent plus profondément que les autres dans la mémoire, et leur souvenir revient incessamment à l'esprit. Pour moi, ces promenades nocturnes dans la baie de Gibraltar sont du nombre de ces souvenirs gravés plus fortement dans ma tête: je ne les oublierai jamais, et la pensée me reproduit vivement encore les sensations délicieuses qu'elles me procuraient.

Ce soir-là surtout la nuit était si belle, qu'arrivés sur le pont de la corvette aucun de nous ne pouvait se décider à regagner son lit.

Quelques hommes veillaient seuls à l'avant. L'arrière était absolument désert. Les canotiers amarrèrent le canot au pied de l'escalier, puis allèrent s'étendre dans leurs hamacs.

Jobert, Castellane, Ollivier, le commissaire du bord et moi demeurâmes accoudés sur les bastingages, ne nous lassant pas d'admirer le féerique spectacle dont nos yeux ne se rassasiaient pas.

Le rocher se dressait en face de nous.

« Eh bien! mon cher, me dit Jobert après un long silence, que pensez-vous de Gibraltar?

— Mais, répondis-je, je trouve ce golfe réellement splendide. Gibraltar est une des merveilles de l'Europe; je ne regrette qu'une chose....

— Laquelle? demanda Castellane.

— C'est que les Anglais y aient mis autant de canons.

— Ils en mettront encore, dit Ollivier, les travaux de défense ne seront jamais achevés, car ils se continueront toujours.

— Oh ! Gibraltar est bien positivement imprenable ! » fit le commissaire en allumant un cigare.

Je regardai Jobert : un fin sourire éclairait sa franche et expressive physionomie. Jobert est l'un des hommes les plus intelligents que j'aie eu le bonheur de rencontrer, et j'avais comme j'ai encore en lui une confiance absolue.

« Croyez-vous Gibraltar imprenable ? » lui demandai-je.

Il secoua la tête.

« Difficile à prendre, oui, dit-il ; mais imprenable, non !

— Cependant ces batteries, ces galeries que nous avons visitées hier et qui hérissent la montagne....

— Oh ! ce n'est pas là son meilleur moyen de défense. Je crois même qu'en cas de siége, ces batteries et ces galeries causeraient plutôt la perte de Gibraltar qu'elles ne seraient son moyen de salut.

— Comment ? fis-je avec étonnement.

— Mon cher ami, continua Jobert en se rapprochant de moi, il est une chose que vous ignorez sans doute, mais que vous allez comprendre immédiatement. Ces couloirs qui perforent le rocher entraînent avec eux un double inconvénient énorme, et qui, j'en suis certain, a plus d'une fois fait frissonner les ingénieurs anglais.

— Quels inconvénients?

— La première condition pour se servir de l'artillerie est l'air. Voyez les batteries d'un vaisseau : après quelques bordées, les ponts et les faux-ponts sont obstrués par une fumée que les ouvertures des sabords ne peuvent suffire à faire disparaître. Si les écoutilles demeuraient fermées, les servants tomberaient asphyxiés après quelques instants de combat. Eh bien, le défaut de courants d'air, dans ces galeries étroites et basses dont vous parlez, laisserait la fumée s'y accumuler forcément et amènerait incontestablement le résultat que je vous citais à propos des batteries de nos vaisseaux. Là il n'y a pas d'écoutilles à ouvrir, et si les canonniers ne tombaient pas immédiatement asphyxiés sur leurs pièces, ils seraient du moins aveuglés au point de ne pouvoir continuer leur tir.

— Puis, ajouta Castellane, il y a aussi un autre inconvénient tout aussi grand à se servir de ces moyens de défense Le roc est miné, percé à jour, découpé comme une flèche de cathédrale, et les détonations de ces grosses pièces dans un espace resserré pourraient fort bien entraîner un ébranlement général et déterminer un gigantesque éboulement, lequel écraserait la ville et les batteries basses.

— Tiens! tiens! tiens! dis-je émerveillé par ces raisonnements qui flattaient singulièrement mon amour-propre national ; mais c'est très-vrai ce que vous dites là.

— Parbleu! dit Ollivier, les Anglais le savent bien, et la preuve, c'est qu'ils ont établi leurs batteries rasantes. C'est là la véritable force de Gibraltar.

— Mais, ajouta Jobert, ce qui rend surtout l'attaque difficile, c'est le peu de profondeur de la mer qui environne le rocher, et qui ne permet pas aux gros navires d'en approcher à bonne portée.

— D'où je conclus, dis-je en riant, que ce gros rocher à l'aspect formidable n'est réellement terrible qu'à sa base, et que le haut n'est qu'une simple décoration de théâtre. »

En ce moment une collection d'étoiles filantes glissa au-dessus de nos têtes en laissant derrière elles une traînée scintillante. Ce phénomène, si commun dans ces parages, m'arracha un cri d'admiration, car jamais je n'en avais contemplé d'aussi complet. C'était une véritable migration d'astres.

« Retournons-nous demain à Gibraltar? demanda Ollivier.

— Ma foi! non, m'écriai-je ; j'ai assez des canons

anglais. Après-demain, j'irai dire adieu à Gordon ; mais demain, si vous le voulez, nous irons nous promener à Algésiras.

— Soit, dit Jobert ; je ferai armer la yole de bon matin, afin que vous puissiez profiter de la brise. »

Le lendemain à huit heures nous descendions effectivement dans l'embarcation préparée. Le temps était toujours aussi beau et la chaleur réellement accablante.

La brise promise faisait défaut, et nos canotiers furent obligés de prendre l'aviron. Le Lavoisier était à l'ancre en face San Roque ; de sorte que la distance à parcourir était peu considérable ; mais quels souvenirs elle éveillait!

A chaque coup de rames, tous les détails du glorieux combat du 6 juillet 1801 nous revenaient en mémoire.

« Voyez-vous? disait Castellane en désignant un tertre à la hauteur duquel nous passions, c'est là qu'était établie la batterie Saint-Jacques, par conséquent le *Formidable* était ancré à l'endroit même où nous passons.

— Et plus loin, ajouta Ollivier, en face des premières maisons d'Agésiras, était le *Desaix*, ayant à sa droite l'*Indomptable*.

— Puis là-bas, au-dessus de la ville, voici l'île

Verte, près de laquelle la frégate le *Muiron* occupait son poste de combat.

— Derrière nous, vers la côte, se tenaient les chaloupes canonnières espagnoles.

— C'est un des beaux faits d'armes de notre marine !

— Il me semble, dis-je, que nous nageons au milieu des débris, des cadavres, des bâtiments échoués. »

Nous étions alors au beau milieu de ce champ de bataille qu'a illustré le courage de nos marins ; un silence causé par l'émotion bien naturelle que nous ressentions tous succéda à la conversation, dont je viens de rapporter quelques phrases.

C'est qu'effectivement le sang français avait rougi ces vagues qui nous berçaient si mollement alors, et chacun de nous reconstruisant dans sa mémoire les diverses phases de cette brillante victoire remportée par l'énergie, la valeur et l'audace contre des forces bien supérieures en nombre.

Le combat d'Algésiras restera comme l'une des plus belles pages de notre histoire maritime.

C'était sous le consulat : la France venait de décider l'Espagne à entrer avec elle dans la lutte acharnée livrée à l'Angleterre. Des armements opérés à Cadix inquiétaient vivement le cabinet de Saint-James et l'amiral sir James Saumarez avait reçu et exécuté l'ordre de bloquer ce port avec une division importante.

Le jour même où l'amiral anglais établissait sa croisière devant Cadix, le contre-amiral Linois quittait les bassins de Toulon emmenant avec lui trois vaisseaux : le *Formidable*, le *Desaix* et l'*Indomptable* que Ganteaume avait renvoyés de Livourne après ses énergiques mais inutiles tentatives pour secourir l'armée d'Égypte.

A ces trois vaisseaux était jointe la frégate le *Muiron*.

L'amiral français devait aller opérer sa jonction avec les vaisseaux commandés par le contre-amiral Dumanoir et le gros de la flotte espagnole sous les ordres de l'amiral don Juan Moreno, vaisseaux et flotte bloqués à Cadix par la croisière anglaise, circonstance qu'ignorait absolument à son départ de France, le contre-amiral Linois.

Deux jours après sa sortie de Toulon, la flotte française doublait le cap Gata et apprenait, par une prise anglaise, l'arrivée de l'escadre britannique dans les parages de Cadix. En même temps un navire espagnol révélait à Linois qu'il était suivi de près par les bâtiments de l'amiral anglais Waren, lequel n'ayant pu empêcher Ganteaume de rentrer à

Toulon, s'acharnait à donner la chasse à la division faisant route pour Cadix.

Le détroit de Gibraltar dans lequel venaient de pénétrer les trois vaisseaux français et la frégate était donc fermé d'un côté par sir James Saumarez occupant l'ouest, et de l'autre par les navires de Waren arrivant de l'est.

Dans cette extrémité, Linois n'avait d'autre parti à prendre que de se jeter dans la baie de Gibraltar, ce qu'il fit en mouillant à la rade d'Algésiras, le 4 juillet.

Aussitôt les vigies de Gibraltar signalèrent à sir James la venue de la division française et l'amiral anglais, ralliant au plus vite ses vaisseaux, se porta immédiatement vers elle, passant le détroit dans la nuit du 5 au 6, et arrivant le 6 au matin devant la pointe del Carnero, à l'entrée de la baie.

La flotte française se composait, avons-nous dit, de trois vaisseaux et d'une frégate. Sir James Saumarez avait avec lui trois vaisseaux de 84 canons: le *César*, le *Pompée*, le *Superbe;* trois autres de 74 : l'*Annibal*, l'*Audacieux*, le *Vénérable*, une frégate et un lougre.

Les forces ennemies étaient donc du double plus considérables que les nôtres et la proximité des canons de Gibraltar à l'abri desquels les Anglais pouvaient se mettre à leur gré, rendait encore plus formidable cette supériorité numérique.

Aussi fut-ce avec une confiance que donne la certitude d'un succès à obtenir que l'amiral anglais s'avança vers Algésiras.

Au moment où l'escadre britannique apparaissait à l'ouverture de la baie, le contre-amiral Linois achevait de prendre ses dispositions pour la lutte qui allait s'engager.

XX

Algésiras.

Le *Formidable*, au mât d'artimon duquel le contre-amiral Linois avait hissé son pavillon de commandant, avait jeté l'ancre par un mouillage de douze brasses d'eau au nord du *Desaix*, de l'*Indomptable* et du *Muiron*; le front développé par les vaisseaux formait ainsi une ligne d'embossage dont la droite s'appuyait, au sud, sur l'île Verte, tandis que la gauche allait au nord toucher les fortifications délabrées de la batterie de Saint-Jacques. Cette ligne empruntait une nouvelle force à son voisinage de la côte. L'amiral Linois, instruit par le funeste exemple d'Aboukir, avait rejeté les conseils du commandant de la marine et du capitaine du port, qui lui assignaient un mouillage par quinze ou dix-huit brasses d'eau. L'ancrage qu'il avait pris sur un fond de dix à douze brasses rendait très-dangereuses pour l'ennemi les tentatives qu'il pouvait hasarder pour doubler la position française.

L'escadre anglaise, couverte de toile, continua de s'avancer sur une seule ligne en longeant toujours le littoral ; le *Vénérable*, dont le capitaine connaissait tous les cailloux de cette baie, ouvrait la marche.

A peine la tête de la colonne ennemie eut-elle atteint les travers de l'île Verte, que les canonniers de ce fort engagèrent le combat ; le *Vénérable* y répondit le premier par une volée de toutes ses batteries ; l'escadre anglaise continua de filer devant nos vaisseaux, et dans un instant la ligne fut tout en feu.

Le signal fut fait aux vaisseaux d'avant-garde d'essayer de doubler la gauche de l'ennemi ; le *Vénérable*, tenant le vent, laissa arriver entre le *Formidable* et le fort Saint-Jacques. Cette manœuvre eût eu pour résultat de placer les Français entre deux feux.

Le changement de direction de l'ennemi révéla à

Linois ses intentions. Sa détermination fut aussitôt prise : au signal du contre-amiral, nos vaisseaux, coupant leurs câbles, se laissèrent dériver sur le plein.

La ligne française ainsi formée, le combat redevint plus terrible ; le *Formidable*, dont le silence de la batterie espagnole ne tarda point à découvrir la gauche, se trouva assailli par trois vaisseaux ennemis ; mais le nombre de ses adversaires ne jeta pas un seul instant d'hésitation dans sa défense : telle fut la vigueur et la justesse des bordées de nos quatre bâtiments, qu'après un combat de deux heures, livré à portée de mousquet, l'amiral anglais crut ne pouvoir réduire notre ligne sans se rendre maître de l'île Verte.

Cette batterie, servie par nos soldats, ouvrit aussitôt un feu vif et nourri sur les vaisseaux que foudroyait déjà l'*Indomptable*. L'issue du combat ne sembla plus, dès lors, douteuse sur ce point. Le *Pompée*, ayant touché sur les récifs dont est formée la ceinture de l'île, ne put opposer une longue résistance : tout troué de boulets et privé de mâture il se vit contraint d'amener son pavillon, aux cris de triomphe des Français ; plusieurs chaloupes, venues de Gibraltar, parvinrent cependant à l'arracher à une capture qui semblait certaine.

Pendant qu'au milieu des chances d'un combat acharné, l'*Indomptable*, dont le capitaine venait d'être tué glorieusement sur son banc de quart, fixait, de concert avec la batterie de l'île Verte, la victoire sur notre droite, la gauche n'achetait pas le succès par une moins énergique résistance.

Le combat, sur ce point comme sur l'autre extrémité de la ligne, avait été longtemps indécis. Au moment où nos vaisseaux coupaient la manœuvre de l'ennemi par leur échouage, sept chaloupes canonnières, s'étant détachées du fort d'Algésiras, étaient venues rattacher notre ligne au fort Saint-Jacques, en occupant l'espace que ce mouvement avait laissé ouvert.

Le feu, nourri par nos soldats, fut dirigé de nouveau sur l'escadre ennemie. Le combat prit des deux côtés un caractère d'acharnement qu'il n'avait pas eu auparavant; les deux divisions, enveloppées de tourbillons de fumée que parcouraient sans cesse de longues traînées de feu, formaient, par leurs volées successives et précipitées, un grondement sans intermittence. Les équipages français faisaient des prodiges; les vides qu'occasionnaient les boulets dans le service des pièces étaient aussitôt remplis par de nouveaux combattants: matelots et soldats rivalisaient d'activité et de courage.

Ce fut au milieu de cet entrainement général que l'intrépide Lalonde, qui, malgré une blessure reçue au commencement de l'action, veillait sur tout, activait et dirigeait tout, fut renversé mort sur son banc de quart.

L'engagement durait depuis sept heures; la flotte anglaise, presque désemparée, laissait languir son attaque sous les bordées continuelles de nos vaisseaux, lorsque l'amiral Saumarez donna le signal de la retraite. L'*Annibal*, échoué en avant du *Formidable*, resta au pouvoir de la division française, comme trophée de cette mémorable journée.

Ainsi, trois vaisseaux français avaient combattu contre six anglais, en avaient détruit deux, et sur ces deux en avaient gardé un prisonnier.

C'était un beau fait d'armes. Les Français étaient remplis de joie, quoi qu'ils eussent essuyé des pertes sensibles.

Le capitaine Lalonde, du *Formidable*, était tué. Moncousu, capitaine de l'*Indomptable*, était mort glorieusement.

Nous comptions environ 200 morts et 300 blessés, en tout 500 officiers et marins hors de combat sur 2000 qui montaient l'escadre; mais les Anglais avaient eu 900 hommes atteints par le feu: leurs vaisseaux étaient criblés.

C'était donc une victoire réelle, une victoire dont notre brave marine pouvait à bon droit s'enorgueillir.

Cependant, quelque brillante que fût cette action, tout n'était pas fini. Il fallait, dans l'état de délabrement que présentaient nos vaisseaux, se tirer du mouillage d'Algésiras.

L'amiral Saumarez, furieux, jurant de se venger dès que Linois quitterait son asile pour se rendre à Cadix, faisait de grands préparatifs.

Il employait les vastes ressources du port de Gibraltar à mettre sa division en état de combattre, et préparait même des brûlots, résolu à incendier au moins les vaisseaux français au mouillage s'il ne pouvait les attirer en pleine mer.

L'amiral Linois n'avait pour réparer ses avaries que les ressources à peu près nulles d'Algésiras : l'arsenal de Cadix, à la vérité, se trouvait près de là, mais il était peu aisé d'en tirer des matières par mer à cause des Anglais, par terre à cause des difficultés de transports ; et cependant les hautes manœuvres des vaisseaux français étaient détruites, plusieurs des grands mâts ou coupés ou fort endommagés.

L'amiral Linois fit de son mieux pour se mettre en

mesure de reprendre la mer. C'est à peine si on avait de quoi panser les blessés.

Il avait fallu que les consuls français des ports voisins amenassent en poste des médecins et des médicaments.

Cependant, grâce à l'ardeur qui régnait parmi les braves marins de la flotte française, les vaisseaux et l'*Annibal*, dont la capture avait grossi la division, furent relevés et amarrés en ligne.

Les avaries de coque occasionnées par l'échouage et le combat furent promptement réparées. Les trous de boulets disparurent, les bastingages furent presque entièrement refaits, et les cinq bâtiments se trouvèrent en état d'accueillir une seconde fois dignement l'ennemi.

Mais l'Amiral Linois était étonné de ne recevoir aucun secours.

En vain sa longue-vue interrogeait-elle sans cesse les hauteurs du rivage où l'on avait posté des vigies, le temps s'écoulait sans qu'aucun bâtiment fût signalé.

Il ne pouvait comprendre une semblable négligence. Quelle considération pouvait donc retenir Moreno sur la rade de Cadix, dont le départ de sir James Saumarez lui avait ouvert la sortie?

Linois perdant enfin toute patience se plaignit avec aigreur de cette mollesse et de cette inaction.

Ces remontrances amères et les sollicitations énergiques du contre-amiral Dumanoir déterminèrent enfin l'amiral espagnol à mettre à la voile.

L'escadre, composée de neuf bâtiments (cinq vaisseaux, trois frégates et un brick), quitta la rade le 8 juillet, sur le soir. Elle arriva le 9 juillet sur la rade d'Algésiras.

Les lenteurs de Moreno avaient eu les suites que Linois avait prévues et signalées : la flotte anglaise avait pu reprendre son poste d'observation et de croisière.

L'amiral anglais, profitant de quelques bouffées de l'est, vint se mettre en ordre de bataille au vent de la flotte combinée.

Cette manœuvre donna lieu à un léger dissentiment entre les amiraux espagnol et français. Don Juan Moreno ayant porté son pavillon du *Réal Carlos* sur la *Sabine*, eut à vaincre une répugnance fortement exprimée, pour déterminer le contre-amiral Linois à se rendre auprès de lui.

Au coucher du soleil, tous les vaisseaux de la flotte franco-espagnole avaient réussi à doubler le cap Carnero, en profitant habilement de toutes les variations de la brise. La première évolution fut, malgré l'obscurité naissante, exécutée dans le meilleur ordre ; mais l'ombre étant venue à s'épaissir, les bâtiments cessèrent de pouvoir s'observer les uns les autres. Les lignes ainsi mêlées, nul ne put conserver son poste.

L'amiral anglais, qui jusqu'à cet instant avait maintenu sa division au vent de la flotte ibéro-française, profita de cette confusion pour forcer de voiles et en joindre les derniers vaisseaux. Sir Saumarez ordonna à quelques-uns de ses bâtiments d'attaquer l'arrière-garde. Cette démonstration devait avoir un succès auquel était loin de s'attendre celui qui la commandait. Le *Superbe* laissa arriver entre le *Réal-Carlos* et l'*Herménégilde*, lâcha ses bordées dès qu'il se trouva par le travers de ces deux trois-ponts, et, continuant toujours sa marche, disparut dans la nuit.

Une confusion extême suivit cette attaque subite à bord des deux vaisseaux espagnols, que les hasards d'une manœuvre de nuit avaient placés à la queue de la ligne. Ces bâtiments, n'ayant point eu connaissance du passage rapide du navire anglais, se prirent l'un l'autre pour vaisseau ennemi, et engagèrent entre eux un combat d'autant plus terrible que leur rapprochement rendait leur feu plus désastreux. Cette lutte fatale durait depuis longtemps avec un acha.

nement qui ne faisait que confirmer les combattants dans leur malheureuse erreur, lorsqu'un grain rapide, et dont l'approche n'avait pu être observée dans la confusion du combat, poussa les deux navires l'un vers l'autre. L'abordage, qui devait terminer pacifiquement cette affreuse méprise, la dénoua par un désastre.

Le feu, qui pendant l'engagement s'était déclaré à bord du *Réal-Carlos*, ayant éclaté avec violence, les flammes qui le dévoraient eurent en un instant gagné l'*Herménégilde*. Il devint impossible aux deux vaisseaux de se séparer.

Le bruit de ce combat, dont les deux flottes alors mêlées et confondues ignoraient les adversaires, avait répandu dans les équipages une alarme que vint augmenter l'aspect des deux vaisseaux embrasés.

Tous les navires, redoutant un sort pareil, s'empressèrent de s'éloigner de ce foyer mobile.

Sur les 2,400 hommes qui composaient les équipages de ces vaisseaux, 35 à peine échappèrent au désastre.

Le *Saint-Antoine*, démâté par le *César* et par le *Superbe*, amenait son pavillon après un long combat, lorsqu'eut lieu cette épouvantable catastrophe.

Le reste de la nuit ne fut plus marqué que par des

canonnades, dont les fanaux de la Sabine furent constamment le point de mire.

Le jour vint enfin éclairer l'amiral espagnol sur les pertes qu'avait essuyées sa flotte.

Le *Formidable* n'était pas en vue ; comme le vent d'est apportait le bruit d'une action violente, l'amiral Moreno ne douta pas que ce vaisseau ne se trouvât engagé avec l'ennemi.

Ralliant donc son escadre et la formant rapidement en ordre de bataille, il fit route pour rejoindre le théâtre de l'action où se débattait le vaisseau français.

En effet, le *Formidable*, vaisseau-amiral qui s'était couvert de gloire au combat d'Algésiras, mais qui se ressentait des coups reçus dans cette journée, privé d'une partie de sa voilure, marchant lentement, voisin d'ailleurs des deux vaisseaux embrasés, et redoutant les funestes méprises de la nuit, s'était tenu en arrière, ne croyant pouvoir être utile à aucun des combattants.

C'est ainsi qu'il s'était trouvé un peu séparé de l'escadre. Aperçu le matin dans son isolement, il fut enveloppé par les Anglais et attaqué par une frégate et trois vaisseaux.

L'amiral Linois, ayant passé à bord de la frégate la *Sabine*, avait laissé à l'un de ses lieutenants, le brave et illustre capitaine Troude, le commandement du *Formidable*.

Cet habile et vaillant officier, jugeant avec une rare présence d'esprit que, s'il voulait se sauver à force de voiles, il serait devancé par des vaisseaux qui étaient mieux gréés que le sien, résolut de chercher son salut dans une bonne manœuvre et dans un combat vigoureux.

Son équipage partagea ses sentiments : personne ne voulait perdre les lauriers d'Algésiras.

C'étaient de vieux matelots exercés par une longue navigation, et ayant cette habitude de la guerre plus nécessaire encore sur mer que sur terre.

Leur digne capitaine Troude n'attend pas que les adversaires qui le poursuivent soient tous réunis contre le *Formidable*.

Il va droit à celui qui était le plus près placé. C'était la frégate la *Tamise*. Il s'approche et dirige sur elle un feu supérieur et terrible qui la dégoûte bientôt de cette lutte inégale.

Après elle venait à toutes voiles le *Vénérable*, vaisseau anglais de 74. Le capitaine Troude se sentant encore supérieur à celui-ci (le *Formidable* était un vaisseau de 80) l'attend pour le combattre, tandis que les deux autres vaisseaux anglais, cherchant

D'HERCULE.

à le gagner de vitesse, vont fermer le chemin de Cadix.

Manœuvrant habilement, il présente son redoutable flanc armé de canons à la proue dégarnie de feux du *Vénérable*, et, joignant à la supériorité de son artillerie l'avantage de la manœuvre, il le crible de boulets, lui abat d'abord un mât, puis un second, puis un troisième, et, après l'avoir rasé comme un ponton, le perce encore à fleur d'eau de plusieurs coups dangereux qui l'exposent au péril prochain de couler à fond.

Ce malheureux navire, horriblement maltraité, excite les alarmes du reste de la division anglaise.

La frégate la *Tamise* revient pour lui porter secours. Les deux autres vaisseaux anglais, qui avaient cherché à se placer entre Cadix et le *Formidable*, rebroussèrent aussitôt chemin.

Ils veulent, à la fois, sauver l'équipage du *Vénérable*, qui craignait de couler bas, et accabler le vaisseau français qui faisait une si belle résistance.

Celui-ci, confiant dans sa manœuvre et sa bonne fortune, leur lâche coup sur coup les bordées les plus rapides et les mieux dirigées. Il les décourage et les renvoie au secours du *Vénérable* près de sombrer si on ne venait pas s'occuper activement de son salut.

Le brave capitaine Troude, débarrassé de ses nombreux ennemis, s'achemina triomphalement vers le port de Cadix. Une partie de la population espagnole, attirée par la canonnade et les explosions de la nuit, était accourue sur le rivage.

Elle avait vu le péril et le triomphe du vaisseau français, et, malgré une douleur bien naturelle, car le malheur des deux vaisseaux espagnols était connu, elle poussait des exclamations à l'aspect du *Formidable* rentrant glorieux dans la rade.

Les Anglais ne pouvaient nous disputer la gloire de ces combats, et, quant aux dommages matériels, ils étaient partagés également.

Si les Français avaient perdu un vaisseau et les Espagnols deux, les Anglais avaient laissé en notre pouvoir un vaisseau et en avaient eu deux maltraités au point de ne pouvoir plus servir.

Sans un accident de nuit, ils auraient pu être considérés comme tout à fait battus dans ces différentes rencontres.

Aussi le combat d'Algésiras et la rentrée du *Formidable* à Cadix, sont donc bien justement placés au nombre des plus beaux faits d'armes connus dans les annales de la marine.

Le désir de raconter le dernier acte du drame d'Algésiras, le merveilleux combat du capitaine

Troude et de son vaisseau démâté, m'a, je le reconnais, entraîné au-delà de la baie de Gibraltar; mais le lecteur, pourvu qu'il ait un peu de patriotisme dans le cœur, ainsi qu'il en a, j'en suis sûr, ne saurait s'en plaindre.

A l'époque où notre marine était dans l'état le plus déplorable, et presque complètement privée d'officiers capables (l'émigration l'ayant subitement privée de ses chefs, car presque tous les officiers de marine étaient nobles, et il faut un long temps pour faire d'excellents praticiens, temps qui avait manqué aux officiers de la République); à cette époque dis-je, il est bon et consolant de rappeler deux victoires de nos armes et deux défaites successives de nos ennemis.

C'étaient ces glorieux souvenirs qui nous assaillaient, qui causaient notre émotion et qui nous accompagnèrent jusqu'au débarcadère.

Nous gravîmes lestement les marches de l'escalier de pierre en donnant congé à nos canotiers pour jusqu'à la nuit, et nous nous engageâmes dans les rues d'Algésiras.

Là, au moins, nous étions en Espagne; et dans quelle partie de l'Espagne! en pleine Andalousie!

A Algésiras les abominables modes des pays du nord n'ont pas encore pénétré sous prétexte de civilisation, et les habitants ont précieusement, religieusement et heureusement conservé les us et coutumes de la vieille terre espagnole.

Les maisons basses et blanchies à la chaux, rappellent la forme et la construction arabes ; mais les balcons saillants, les fenêtres hautes, les grilles peintes en vert, portent bien le cachet de l'architecture andalouse.

Rien de joli, de coquet, de mystérieux, de charmant comme ces habitations mignonnes aux portes peintes, et qui, en s'entr'ouvrant, permettent de jeter un regard dans le *patio* (cour intérieure semblable aux cours des maisons moresques).

Dans le milieu de presque chaque patio il existe une fontaine, dont l'eau pure et limpide donne de la fraîcheur. Le patio est le salon des Andalous, et surtout des Andalouses : c'est, au reste, une invention charmante.

Des colonnes légères formant arcades en font le tour ; il est ordinairement carré et recouvert d'un *tendido* (petite tente), dont la toile, doublée ou simple, forme des dessins et des symétries par le plus ou moins de transparence.

Des myrtes, des grenadiers, des jasmins, plantés dans des caisses ou dans des pots d'une argile rouge, égaient et parfument cette cour intérieure, éclairée d'un demi-jour tamisé et plein de mystère.

C'est là que l'on reçoit, que l'on fait la sieste, que l'on rêve le jour, que l'on cause, que l'on chante, que l'on danse même le soir.

La *Tertulia*, cette réunion quotidienne de la société espagnole, se tient dans le patio.

Des siéges sont placés au milieu des arbustes, près du bassin ; souvent un piano est traîné dans un coin de la cour.

Six ou huit quinquets sont accrochés au mur, des guitares traînent de tous côtés, et, éloignée du piano, se dresse une table de jeu pour les vieillards.

Rien de plus simple qu'une *tertulia*. Nulle part on ne jouit d'autant de liberté. Quand on a salué la maîtresse de la maison, que l'on a accepté une tasse de chocolat, une cigarette et un verre d'eau pure, on devient son maître.

Les jeunes gens et les jeunes filles causent par groupes, les parents jouent au *trecillo*, et à minuit on se sépare pour se réunir le lendemain.

C'est donc le patio la partie principale de l'habitation. Au reste, sans le patio, les maisons d'Andalousie ne seraient pas habitables.

L'espèce de vestibule qui le précède donne accès

dans la maison et conduit à la rue. Une simple grille défend la vue de l'intérieur contre les regards des passants; mais les Andalous sont un peu Arabes, et jamais il ne prend fantaisie aux promeneurs de plonger un œil indiscret dans un patio où il n'est pas reçu.

Le contraste qui existe entre Gibraltar et Algésiras nous faisait trouver ravissante cette coquette ville espagnole.

Quelle différence avec la raideur britannique! A Algésiras, les hommes portaient le costume national : le chapeau de forme tronquée, avec un large retroussis en manière de turban, et orné de touffes de soie ; la veste enjolivée de broderies et d'applications de drap de toutes sortes de couleurs, aux coudes, aux parements, au collet; la ceinture rouge, le pantalon de velours noir à revers, retenu par des boutons d'argent, les guêtres de cuir ouvertes sur le côté et laissant voir la jambe, tout cela fleuri, épanoui, éclatant, frais et gai à l'œil.

Quant aux femmes d'Agésiras, toutes ont encore le bon goût de porter la mantille, cette adorable coiffure qui encadre admirablement le visage, dont la dentelle se marie bien aux grenades ou aux œillets rouges plantés à chaque tempe, et qui donne à la tournure de l'Andalouse un charme inexprimable devenu proverbial.

Les robes sont courtes, garnies d'un seul volant dans le bas, et découvrant la jambe et le pied, le pied surtout dont les Espagnoles sont si fières et qu'elles chaussent si coquettement de satin.

Le soulier de satin noir est tellement passé à l'état de fureur, que j'ai vu souvent en Andalousie des paysannes, les jambes nues, couvertes de mauvais haillons, et chaussées cependant de souliers de satin.

XXI

Une journée en Andalousie.

Je dois l'avouer, dégagée de ce parfum de poésie, de chevalerie et d'amour inhérent à cette splendide province espagnole, à cette Andalousie pour la possession de laquelle tant de sang a été versé, la ville d'Algésiras n'offre rien de bien remarquable.

Aucun monument historique, aucun objet d'art n'attire ni ne charme l'œil du voyageur.

La ville est riante, gracieuse, mignonne, proprette, Andalouse de pur sang, mais rien de plus.

Ces qualités qui séduisent au premier abord sont

peut-être insuffisantes pour un séjour prolongé, mais elles sont pleines d'attraits pour le voyageur qui rend une courte visite à la jolie cité.

Les heures du soleil, nous les passâmes le plus prosaïquement du monde dans une sorte de posada où nous essayâmes de goûter un petit crû du pays, liqueur violacée, épaisse et que l'on pouvait à la rigueur servir sur un plat au lieu de l'enfermer dans une bouteille, et découper par tranches si mieux on t'aimait le verser dans un verre.

L'avantage de ce vin est de faire trouver l'eau excellente; aussi en demandâmes-nous à grands cris.

L'eau est une boisson fort recherchée et très rare en Espagne. On nous avait servi une grande fiole de vin et de grands verres, on nous apporta un tout petit cruchon d'eau et des verres de la grandeur d'un dé à coudre.

Pour être juste, je dois dire qu'après avoir déposé sur la table le petit cruchon de terre blanche et les petits verres en question, le garçon y joignit une grande boîte contenant des dominos et quatre énormes morceaux de craie.

Le domino est le jeu favori des Andalous, mais il est autrement compliqué en Espagne qu'en France, car si celui dont nous nous servons va du double blanc au double six, le domino espagnol va, lui, depuis le double blanc jusqu'au double neuf inclusivement.

Les tables de bois sont peintes en noir comme les tableaux à l'usage des cours d'arithmétique : chacun prend sa large part des dés remués au préalable et à grands tours de bras ; on dresse devant soi de petites murailles et la partie s'engage.

Point de marques : les morceaux de craie sont destinés à écrire sur la table le nombre des points gagnés. La partie terminée, on efface l'adddition et on recommence.

La nouveauté du jeu nous charma tout d'abord, mais survint bientôt la fatigue causée par ce surcroît inaccoutumé de dés et de combinaisons, et nous abandonnâmes le double neuf pour aller faire un tour sur la promenade.

Elle était absolument déserte : le soleil n'était pas encore couché et notre présence inopportune à pareille heure et en pareil lieu justifiait ce vieux dicton espagnol qui prétend que de midi à quatre heures on ne voit dans les rues que des Français et des chiens.

Cependant, au tournant d'une allée, nous rencontrâmes deux soldats espagnols dormant au pied d'un arbre.

Ces braves faisaient la sieste étendus à l'ombre.

Je considérai avec attention ces échantillons de l'armée espagnole, les premiers qui frappassent mes regards : c'étaient des hommes de moyenne taille, mais bien pris dans leurs formes et nullement couverts de haillons ainsi que nous avons coutume de nous représenter les soldats de nos voisins d'outre-Pyrénées.

Nous avons en France des idées on ne peut plus erronées sur la force militaire du gouvernement de l'Espagne.

Nous croyons en être encore à ces temps de guerre civile qui ont désolé ce malheureux pays. Heureusement pour lui il en est tout autrement.

L'armée espagnole se recrute par le tirage au sort, à peu près comme se recrute en France l'armée française ; seulement l'âge est fixé à dix-neuf ans.

Tout Espagnol doit au pays le service militaire, mais le remplacement est autorisé et se fait par les soins de l'Etat à raison de 6,000 réaux (1,560 fr.) versés à la Banque nationale de Saint-Ferdinand.

L'état-major de l'armée se compose de 6 capitaines généraux, de 70 lieutenants généraux, de 102 maréchaux de camp, de 144 brigadiers, d'un corps spécial d'état-major et de l'état-major des places.

Des écoles spéciales permettent aux jeunes gens qui se destinent à la carrière militaire, de recevoir une instruction théorique et pratique. Chaque arme a son *collegio*, ainsi : à Tolède, l'infanterie ; à Valladolid, la cavalerie ; à Ségovie, l'artillerie ; à Guadalajara, le génie ; à Madrid, l'état-major ; à San Fernando, la marine.

L'armée espagnole se compose d'abord de la maison de la reine, divisée elle-même en deux corps : les *hallebardiers*, forts de 274 soldats et de 12 officiers, et les *gardes de la reine*, escadron admirablement monté, renfermant 100 hommes et 9 officiers.

Après ces troupes, attachées au service particulier de la reine, on compte :

Infanterie. — 47 régiments de ligne, formant en total environ 53,000 hommes, dont 2,726 officiers.

L'uniforme de l'infanterie est : tunique bleu de roi avec boutons argentés, collet rouge avec des attaches rouges pour les grenadiers, bleues avec liséré rouge pour le centre, sur le revers des manches trois galons rouges ; pantalon bleu ; ceinturon en cuir avec plaque au centre, soutenant la cartouchière et le fourreau de la baïonnette ; bottines et souliers lacés ; pour coiffure, le *ros* (ou shako dont une partie peut se rabattre à volonté sur les oreilles ou sur le col) en drap blanc et cuir surmonté d'un pompon, rouge pour les grenadiers, vert pour le centre ; gants blancs, fusils rayés.

18 bataillons de chasseurs; effectif : 9,810 hommes et 504 officiers, dont plusieurs sont venus en France étudier les expériences sérieuses de Vincennes.

Uniforme : le même que celui de la ligne, sauf le pantalon qui est rouge, et qui, en marche, s'attache au-dessous du genou; guêtres de drap noir; capote de drap gris à collet et à manches; pour chaussures, les espadrilles des montagnards; carabine rayée.

Cavalerie. — 4 régiments de carabiniers, 12 régiments de lanciers (ces 16 régiments, forts de 7,000 chevaux), 15 escadrons de chasseurs, 4 escadrons de remonte, en tout 1.900 chevaux, et 1 régiment de hussards de la Princesse.

L'uniforme est le même pour toute la cavalerie, à l'exception des hussards, seule, l'arme diffère : tunique bleue à pans très-courts, collet rouge épaulettes en métal argenté et à écailles superposées, pantalon bleu de roi, baudrier blanc, casque, sabre; lance ou carabine, suivant le corps. Les hussards portent la pelisse et le shako de cavalerie.

Artillerie. — 5 régiments à pied (5,000 hommes), 3 brigades montées (1,400 hommes), 3 brigades de montagnes (1,400 hommes), 5 brigades de sédentaires (1,900 hommes), cinq compagnies d'ouvriers (350 hommes).

Uniforme : shako en feutre noir, évasé du haut, pompon et plumet rouges ; tunique bleu turquin avec grenades au collet rouges et trois sardines rouges sur les parements ; pantalon bleu turquin avec bande rouge ; fourniment en cuir blanc porté en croix de Saint-André ; sabre et giberne ; épaulettes en métal d'argent ; bottes à éperons ; sabre, pistolet et mousqueton.

Génie. — 1 régiment : 64 officiers, 2,630 hommes.

Uniforme : casque avec crinière en crin blanc portant une pointe en métal doré ; mousqueton sans baïonnette ; même tunique et même pantalon que l'artillerie, moins les grenades et les sardines.

Chaque officier de l'armée espagnole, à quelque arme qu'il appartienne, est armé du sabre à fourreau d'acier et d'un pistolet revolver.

L'armée espagnole se compose donc d'environ 90,000 hommes (bien entendu que nous ne parlons ici que de l'armée dite *péninsulaire*, car celle affectée au service spécial des colonies et appelée *armée d'outre-mer*, monte à elle seule à près de 88,000 hommes.

Que le lecteur me pardonne ce petit renseignement donné en passant, et dont je lui garantis l'exactitude, je reviens à Algésiras et je retourne sur la promenade où nous avions rencontré les soldats. Je le répète, les allées, à l'exception de nous et des dormeurs, étaient absolument dénuées d'habitants.

C'est vers neuf heures seulement que la foule encombre les allées de l'Alameda, et alors l'animation de la promenade offre le plus charmant coup d'œil.

A Algésiras surtout où tout autre costume que le costume national est inconnu, l'instant de la promenade présente un attrait tout particulier.

Ces femmes enveloppées dans leur mantille, jouant coquettement de leur éventail, sachant faire admirer à propos la petitesse proverbiale de leur pied et lancer au passage un regard de flammes, ces hommes vêtus de velours, chamarrés de broderies éclatantes et d'écharpes multicolores; les unes marchant seules et sans le secours d'aucun bras, les autres roulant le papelito ; celles-ci assises et formant un groupe babillard, ceux-là le poingt sur la hanche et drapés fièrement dans leur cape rayée, toute cette foule enfin insouciante et rieuse, occupée exclusivement d'amour et de plaisir, présente aux yeux du voyageur le tableau le plus extraordinaire et le plus séduisant.

Onze heures du soir venaient de sonner, il y

avait trois heures au moins que nous nous promenions sur l'Alameda, et nous ne songions nullement à abandonner la place lorsque Ollivier nous fit penser à nos canotiers, lesquels devaient nous attendre à l'embarcadère.

Nous partîmes avec regret et, disant au revoir à la terre andalouse, nous regagnâmes notre embarcation.

En rentrant à bord, Jobert qui était demeuré toute la journée à veiller à l'embarquement du charbon que le Lavoisier faisait à Gibraltar, Jobert nous prévint que l'opération était terminée et que le lendemain, à midi, nous ferions route vers Tanger.

Je ne voulais pas quitter Gibraltar sans aller prendre congé de Gordon et sans le remercier de la gracieuse hospitalité que lui et ses amis nous avaient s obligeamment offerte.

Le lendemain donc, à sept heures, je demandai un canot pour me rendre à terre.

« Vous voulez retourner à Gibraltar? me dit M. de Brignac auquel j'étais allé serrer la main?

— Oui, répondis-je, si toutefois, commandant, vous n'y voyez aucun inconvénient sérieux.

— Allez donc, seulement je vous préviens de deux choses.

— Lesquelles?

— La première, c'est que je ne pourrai laisser le canot à votre disposition. Les hommes vous conduiront, mais ils reviendront à bord aussitôt. J'ai besoin de tout mon monde pour l'appareillage.

— Qu'à cela ne tienne ! Je prendrai une balancelle pour revenir.

— Ensuite, je vous engage à être rendu à bord avant midi, car à l'heure précise nous filerons et vous seriez obligé de venir nous retrouver à Tanger.

— Je serai ici à onze heures et demie.

— Alors il vous faudra quitter Gibraltar à dix heures.

— Comment ? dis-je avec étonnement ; mais il faut une demi-heure au plus pour faire le trajet qui sépare le Lavoisier de l'entrée de la ville.

— Une demi-heure quand le temps est calme.

— Eh bien ! il me semble que le temps est superbe et la mer unie comme un miroir. »

M. de Brignac sourit.

« Pensez toujours à ce que je viens de vous dire, » ajouta-t-il.

Je descendis dans le canot préparé sans rien comprendre à la recommandation du commandant.

Effectivement, le ciel était d'une admirable pureté, la mer d'un calme absolu : pas un souffle n'agitait le pavillon arboré à l'arrière de l'embarcation dans laquelle j'avais pris place, pas une lame ne heurtait notre quille, laquelle fendait les flots bleus sous l'impulsion que communiquaient au canot les efforts réguliers des rameurs.

Seulement je remarquai que la mer était moins transparente que de coutume, mais je n'accordai aucune attention à cette remarque.

Après avoir sauté sur le quai, je laissai le canot retourner au Lavoisier et je pénétrai dans la ville.

Gordon et ses amis voulurent absolument me garder à déjeuner.

Les heures passaient rapidement. Enfin dix heures sonnèrent. Je me rappelai les paroles du commandant et je me levai pour prendre congé des officiers anglais.

Gordon voulut m'accompagner jusqu'à la balancelle que j'allais prendre pour retourner à bord.

Nous étions tellement occupés par notre amicale causerie que nous ne remarquâmes pas tout d'abord qu'une brise violente s'était brusquement élevée durant notre déjeuner et nous soufflait alors rudement au visage.

Tout entiers à nos anciens souvenirs de collége, nous marchions lentement. Pauvre Gordon! il semblait que nous eussions peine à nous quitter ; c'était un pressentiment sans doute qui nous faisait ainsi retarder le moment de la séparation.

Élevé en France ainsi que je l'ai dit, Gordon, grâce à son éducation parisienne, avait complètement dépouillé cette raideur désagréable, cette morgue insoutenable dont s'affuble la généralité de ses compatriotes : il n'avait d'anglais que la véritable distinction du gentleman et ce parfum aristocratique religieusement conservé par quelques grandes familles des Trois-Royaumes.

Lui-même appartenait à une vieille souche écossaise, dont le nom se trouve souvent noté avec éclat dans les annales de la Grande-Bretagne.

L'un de ses ancêtres, Édouard Gordon, a laissé à Londres une réputation de bons mots et de traits d'esprit qui prouve que sur le terrain d'un salon aussi bien que sur celui d'un champ de bataille les Gordon pouvaient, à bon droit, être placés à un rang distingué.

Entre autres anecdoctes dont il fut le héros, il en est une que certains écrivains ont inscrite depuis au compte de lord Dorset, et qui peint parfaitement le personnage.

Édouard Gordon était intimement lié avec le duc

de Buckingham, le comte de Rochester et le célèbre Dryden.

Or, un beau soir, les quatre amis se trouvant réunis après avoir fêté un magnifique repas offert par l'un d'eux aux trois autres, la conversation vint à tomber sur la langue anglaise, sur l'harmonie du nombre, sur l'élégance du style, sorte de mérite auquel chacun des trois seigneurs prétendait exclusivement et sans partage. On discute, on s'échauffe, on convient enfin d'en venir à la preuve et de prendre un juge. Ce juge fut Dryden. Un pari important est même engagé, et le vainqueur de la lutte épistolaire devra toucher deux cent cinquante livres sterling de chacun des deux vaincus.

Le champ clos est immédiatement ouvert et chacun se met à écrire, isolément et sans désemparer, sur le premier sujet venu. On devait placer ensuite tous les anathèmes sous le chandelier, et Dryden procéderait séance tenante à l'examen.

On se met à l'ouvrage.

Le duc et le comte font des efforts de génie; Édouard Gordon, lui, prend la plume, attire un bout de papier et y trace négligemment quelques lignes.

Quand chacun eut fini et placé son chef-d'œuvre sous le flambeau, Dryden entre en fonctions de juge suprême.

Dès qu'il eut achevé rapidement la lecture des trois pièces :

« Messieurs, dit-il sans hésiter au duc de Buckingham et au comte de Rochester, votre style est charmant et m'a beacoup plu, mais celui d'Édouard Gordon est tout à fait magnifique et m'a ravi. Écoutez plutôt !.... c'est vous maintenant que je fais juges !

Et Dryden lut à voix haute :

« 15 avril 1686. Au 1er mai prochain, je paierai à John Dryden, ou à son ordre, la somme de cinq cents livres sterling, valeur reçue ce jour.

« *Signé :* Édouard Gordon. »

Buckingam et Rochester se mirent à rire et se déclarèrent battus.

Eh bien ! Gordon, mon ancien condisciple, avait certes hérité d'une bonne partie de l'esprit de son bisaïeul.

Aussi, je le répète, ne pouvais-je me décider à le quitter si promptement. Enfin nous atteignîmes la place sur laquelle se dressent les casernes et qui sert d'entrée à Gibraltar.

La voûte communiquant avec le quai était en face de nous. Le vent, s'engouffrant sous ce passage étroit, débouchait sur la place avec une violence inouïe.

« Diable ! fis-je rappelé subitement à la situation présente par cette bourrasque furieuse, le vent est d'ouest ! Regagner le Lavoisier avec cette brise contraire, ne va pas être une mince affaire. Je comprends maintenant la recommandation de M. de Brignac.

— Eh bien ! dit Gordon en riant, reste à Gibraltar. Le Lavoisier te prendra au retour.

— Grand merci, mon cher, répondis-je vivement ; mais j'ai fort envie de visiter Tanger ; puis je ne crois pas qu'à son retour la corvette relâche ici. Ensuite mes amis m'attendent, et leur fausser ainsi compagnie, même au profit de la tienne, serait un acte d'impolitesse que je ne veux ni ne puis commettre. D'ailleurs, je ne te dis pas adieu, je te dis au revoir. Le mois prochain je reviendrai avec le Lavoisier, puisqu'il fera encore à cette époque le service entre Oran et Tanger.

— Le mois prochain, répéta Gordon, qui sait si je serai encore à Gibraltar ? J'attends le bâtiment qui doit me conduire aux Indes. Et, ajouta-t-il, on sait bien quand on part pour les Indes, mais on ne sait jamais quand on en revient.

— Bah ! fis-je sans pouvoir soupçonner un seul

instant la terrible catastrophe renfermée dans ce doute prophétique de l'avenir, à ton retour des Indes tu viendras me voir à Paris.

— Alors tu es décidé à partir ?

— Oui.

— Eh bien ! pars vite; tu n'as pas trop de temps. »

Nous étions alors sur le bord du quai, et une longue suite de ces balancelles de contrebandiers, qui font un service incessant entre la terre d'Espagne et le rocher anglais, se présentait à nos pieds.

Je fis signe à l'un des patrons, j'embrassai Gordon et je sautai dans la barque.

Trois hommes seulement la montaient.

« A la corvette française ! » dis-je au patron.

Celui-ci fit la grimace. Enfin, prenant son parti après avoir hésité un instant :

« Ce sera un douro, me dit-il.

— Un douro soit, répondis-je ; mais poussez promptement.

— Il faudra que vous preniez la barre, car nous ne serons pas trop de nous trois pour la manœuvre. »

Le contrebandier espagnol, qui m'avait vu depuis quelques jours en compagnie des officiers du Lavoisier, me prenait pour un marin, et pensait que, en présence de la bourrasque que nous allions braver, je pouvais lui être d'une certaine utilité.

A mon tour, je l'avoue, je fis la grimace.

Bien souvent il m'était arrivé de m'asseoir à l'arrière d'un canot et de m'emparer des tire-veilles; gouverner une embarcation avait même été pour moi un plaisir réel que je me procurais le plus souvent que je le pouvais; mais je n'avais jamais été patron de barque que dans les circonstances les plus heureuses, dans la rade de Mers-el-Kebir ou dans celle d'Alger, par des temps calmes, et alors qu'une attention soutenue pouvait facilement remplacer la science.

Cette fois, il n'en était pas ainsi. La brise était forte, la mer était grosse, la vague courte et serrée comme elle l'est dans tous les golfes, et nous avions le vent de bout, c'est-à-dire absolument contraire.

Il s'agissait, sous peine de faire chavirer la balancelle, d'offrir toujours l'avant à la lame, et de courir des bordées pour atteindre le Lavoisier, en évitant soigneusement d'être pris pas le travers.

J'avais une furieuse envie de décliner l'honneur qui m'était fait; mais l'amour-propre m'empêcha de suivre mon premier mouvement.

— Reste avec moi, dit encore Gordon, tandis que

les matelots espagnols assuraient leur mât et hissaient leur voile triangulaire.

« Impossible, lui répondis-je ; on m'attend à bord de la corvette ; tu le sais. »

Nous échangeâmes une dernière poignée de mains, et la balancelle se dégagea du groupe d'embarcations qui l'entourait.

« Gouverne bien, me cria Gordon ; fais attention ! »

Cette dernière recommandation était inutile ; car déjà je concentrais toutes mes facultés pour éviter un accident que le mauvais temps rendait plus que probable.

Tant que nous fûmes à l'abri derrière le môle, les choses se passèrent merveilleusement bien ; mais dès que nous eûmes doublé la pointe extrême du port, la brise nous poussa violemment vers la terre.

Cependant, la balancelle était bien taillée et obéissait supérieurement : nous courûmes une bordée au nord sans embarquer une seule lame.

Il fallait virer : là était le danger ; le patron laissa filer l'écoute, je donnai un coup de barre et nous en fûmes quittes pour une copieuse aspersion d'eau salée.

Cette fois, nous courions dans la direction de la corvette ; mais la balancelle était tellement penchée sur l'un de ses bords, que j'étais obligé de me retenir d'une main à l'arrière pour ne pas tomber à la mer.

Quatre fois il nous fallut renouveler la même manœuvre pour atteindre le but. Enfin, un matelot du Lavoisier nous jeta un bout de corde et nous pûmes nous disposer à accoster, mais là encore, l'opération offrait de périlleuses difficultés.

La balancelle et la corvette obéissaient à la mer en sens opposé. Chaque fois que le Lavoisier se dressait sur la vague, nous descendions, nous, dans la profondeur de l'abîme creusé; chaque fois au contraire que nous nous élevions, le Lavoisier s'abaissait, il fallait choisir l'instant précis où la balancelle se trouvait à la hauteur de l'escalier de la corvette, pour s'élancer de l'une sur l'autre.

Ce qui complétait la difficulté d'une façon fort critique, c'est que les contrebandiers espagnols, peu soucieux de voir leur embarcation se briser sur les flancs du navire, n'osaient s'en approcher de trop près.

Enfin, profitant d'un instant de calme, je sautai entre deux vagues, et, abandonnant la balancelle, je me trouvai sain et sauf à bord de la corvette.

J'avoue que je ressentis un vif mouvement de joie de ne pas m'être tiré plus mal de cette passe difficile.

« Bravo! me cria Jobert, je vous donnerai un ruban d'honneur. »

Effectivement, le soir même, il me remettait un ruban noir semblable à celui que les matelots portent autour de leur chapeau et sur lequel le nom de la corvette était écrit en lettres d'or. J'ai conservé précieusement ce témoignage de mon unique prouesse maritime.

XXII

Tanger.

Le soir, à l'heure du dîner, nous jetions l'ancre en face de Tanger, au milieu de la baie; mais la brise avait sauté de l'ouest à l'est, la mer était affreuse, et après une vaine tentative pour mettre une embarcation à la mer, nous reconnûmes qu'il fallait attendre au lendemain pour débarquer.

Le vent était tellement violent que l'on chauffa constamment, bien que nous fûmes à l'ancre, afin d'être en état de fuir le péril, si la brise qui menaçait de nous pousser à la côte eût augmenté de fureur.

La nuit ne fut pas meilleure que n'avait été le jour : le vent sifflait dans les agrès avec une violence effrayante, et la corvette roulait et tanguait avec des mouvements d'autant plus pénibles, que les chaînes des ancres, en se raidissant, lui imprimaient des secousses terribles.

Enfin, vers le matin, le vent tomba, et bien que la mer fût horriblement houleuse, nous pûmes quitter a corvette et gagner la terre.

Il n'y a ni quai, ni débarcadère à Tanger. Le canot qui nous transportait s'arrêta à quelques brasses de la côte, et nos canotiers sautèrent dans l'eau qui leur monta jusqu'à la ceinture.

Ce fut sur leurs épaules que nous franchîmes la distance qui nous séparait de la terre ferme, moyen de transport très-incommode et très-peu avantageux, car par un gros temps comme celui qu'il faisait, on est tout aussi mouillé, bien que l'on soit élevé au-dessus de la vague, que si l'on se trouvait à son niveau, le ressac vous noyant dans des flots d'écume.

Nous étions trempés jusqu'aux os, lorsque nous atteignîmes la terre.

Heureusement que le soleil, alors dans toute son

ardeur, se hâtait de réparer les préjudices à nous causés par les vagues.

Mais nos vêtements de drap, détrempés par l'eau salée et séchés rapidement par l'ardente chaleur dont rien ne nous abritait, devinrent aussitôt d'une raideur de cartonnage qui nous donnait la tournure la plus risible.

Nous avions l'air d'être habillés avec des vêtements de papier.

Ce fut dans cet équipage que nous fîmes notre entrée au consulat de France. M. Bouré, notre agent diplomatique à Tanger, nous reçut avec cette grâce parfaite, cette urbanité du meilleur goût dont les voyageurs qui ont eu la bonne fortune d'être accueillis par lui et sa charmante famille, lui gardent un reconnaissant souvenir.

M. Bouré nous prévint qu'il nous laissait libres seulement jusqu'à l'heure du dîner, et qu'il nous attendait à cinq heures au consulat.

Nous avions six heures devant nous pour parcourir la ville : c'était beaucoup plus qu'il n'en fallait.

A qui arrive d'Orient, Tanger n'offre absolument rien de remarquable. Là comme dans toutes les villes musulmanes, ce sont ces affreuses maisons sans toit et sans fenêtres, garnies de leur petite porte grillée, ces rues étroites et tortueuses, privées d'air, ces mosquées aux colonnades élégantes, ces petites boutiques ressemblant à des cavernes creusées dans un mur et au fond desquelles le marchand se tient accroupi, fumant gravement sa pipe, sans se soucier des chalands qui bousculent ses marchandises.

La population marocaine est remarquable, elle, par sa laideur : la beauté du visage est, à Tanger, l'apanage de la population féminine juive.

Les femmes israélites sont des types parfaits, dignes du ciseau du sculpteur et du pinceau du peintre. Leur accoutrement tout constellé d'or et de broderies étincelantes leur donne des allures de reine de Saba, qui charment l'œil et font oublier la décrépitude des maisons, sur le seuil desquelles elles se tiennent.

Quant au costume du Maure, il est bien connu.

L'habitant de Tanger porte des babouches et des bottines très-larges ; aussi n'a-t-il jamais de cors.

C'est en voyant ces stigmates européennes sur l'orteil d'Aly-Bey, autrement dit Badia l'Espagnol, tandis qu'il était au bain, que les musulmans élevèrent les premiers soupçons sur sa qualité de vrai croyant.

On se rappelle qu'après avoir joui de la faveur de l'empereur du Maroc, Aly-Bey fut tout à coup disgracié et quitta l'empire.

Parmi la classe la plus pauvre, il est d'usage de raser de très-près la tête des jeunes garçons, et de la leur laisser constamment au soleil et à la pluie.

Les crânes des Maures acquièrent ainsi une épaisseur aussi extraordinaire que celle qui, au dire des historiens, distinguait jadis les têtes des Cophtes.

Quand les petits garçons maures se battent, ils donnent de la tête l'un contre l'autre comme des béliers, et celui qui tombe est sûr que la force de son crâne sera à l'épreuve des pierres.

« J'ai souvent entendu, dit M. Drummond-Hay, résonner sur des crânes maures, des coups qui auraient infailliblement fracturé la tête d'un porteur de chapeau, et pour la bagatelle d'un felou (liard), il n'est pas de polisson à Tanger, qui ne s'offre avec empressement à rompre sur son crâne une brique bien cuite, et qui n'en vienne à bout avec plus de facilité que je n'en aurais à casser un biscuit sur la mienne. »

Superstitieux à l'excès, les Maures ont grande foi aux astrologues.

Ils croient aux mauvais génies, craignent les démons, vénèrent les amulettes et leur supposent une

17

efficacité indépendante de la religion, puisqu'ils en conseillent l'usage aux chrétiens.

Bigots et fanatiques, ils contestent les merveilles de la science, mais n'hésitent pas à croire qu'il y a un espace de soixante-dix mille journées de marche entre les deux yeux de l'ange fatal du troisième ciel.

De cette crédulité naît leur respect pour les marabouts, les santons et autres saints qui rôdent autour des sépulcres, comme les démoniaques de l'Évangile.

Rien de plus simple que la journée d'un Maure.

Il se lève avec le soleil. Sa toilette lui donne d'autant moins de peine qu'il dort à peu près habillé.

Il fait sa prière dès que la voix du muezzin lui rappelle l'unité de Dieu et la venue du prophète.

Il déjeune avec une tasse de café et quelques confitures sèches.

Quelquefois il s'accorde la douceur de fumer une pipe de *kif* ou fleur de chanvre, ensuite il monte à cheval et galope durant deux ou trois heures.

Vers midi, il mange du *pilau*, de la viande fortement épicée ; mais l'orgueil de sa table, c'est le classique *couscous*.

Après le dîner, il va au café, quelquefois à la mosquée.

Le soir il soupe, ou plutôt fait un second dîner, puis il s'étend pour dormir sur les coussins qui lui servent de lit.

Comme on le voit, il ne garde aucun temps pour les affaires ; aussi n'en fait-il aucune.

Le monopole du commerce au Maroc, comme dans tout l'Orient, appartient aux Juifs.

Ceux-ci vivent, au point de vue de la liberté, dans la condition la plus misérable.

Tolérés par les musulmans, mais non acceptés, on leur vend cher cette tolérance ; mais ils se vengent du mépris qu'ils inspirent, et qu'on ne leur cache pas, en exploitant au profit de leur bourse la paresse de leurs supérieurs.

Condamné à une espèce d'uniforme noir, le Juif ne marche pas dans les rues des villes musulmanes, il se glisse le long des murs, l'œil au guet, l'oreille aux écoutes, et il tourne court à tous les angles comme un larron qu'on poursuit.

Forcé d'ôter ses souliers lorsqu'il passe devant une mosquée, il les tient le plus souvent à la main, non-seulement pour éviter cette humiliation, qui n'en est plus une pour lui, mais pour faire moins de bruit, car rien ne l'effraie plus que d'attirer l'attention.

Il voudrait marcher dans un nuage et se rendre invisible.

Si on le regarde, il double le pas; si on s'arrête devant lui, il prend la fuite.

Il tient à la fois du lièvre et du chacal.

Son regard est oblique, inquiet; il cache la terreur dont son cœur est continuellement possédé sous un sourire mielleux qui fait mal à voir quand on en étudie l'expression.

Le Juif ne parle pas dans la rue, il chuchote comme un prisonnier qui craint de réveiller ses bourreaux endormis.

Parqués dans leur quartier, enfermés la nuit comme des bêtes fauves dans une ménagerie, ils vivent là sous la discipline d'un kaïd hébreu élu par eux, mais soumis à un cheik, ou ancien, nommé par le sultan.

Ils ont le libre exercice de leur culte, auquel ils sont fort attachés, et se gouvernent d'après leurs lois.

Ridiculement superstitieux, ils mêlent aux rites mosaïques toutes les folies de la cabale.

Ils parlent tous espagnol, et descendent, pour la plupart, des Juifs chassés d'Europe, et d'Espagne en particulier, à diverses époques du moyen âge.

Le peuple hébreu se console des affronts dont il est

l'objet en trafiquant et en reprenant par la ruse ce que ses tyrans lui arrachent par la force.

Si astucieux, si fourbe que soit le Maure, le Juif est encore son maître, et le dupe dans toutes ses transactions.

C'est, je le répète, la seule vengeance qui lui soit permise, et il l'exerce sans miséricorde.

Il lui revient toujours quelque chose des nombreux et exorbitants tributs qu'il paie : cela fait qu'il s'y résigne avec moins de désespoir.

D'ailleurs, c'est pour lui une condition d'existence.

Les Juifs ont un proverbe qui dit :

Con los Moros plomo o plata.

« Avec les Maures du plomb ou de l'argent. »

N'ayant pas de plomb à leur envoyer dans la tête, ils donnent de l'argent ; seulement, ils en donnent le moins possible et ils mettent tout leur génie à jouer l'indigence. Plus un Juif est riche, plus il fait le pauvre ; et ce mensonge, qui ne se dément pas un instant, en n'importe quelle circonstance, ne périt qu'avec la vie.

Ainsi les passions les plus basses de l'humanité, l'avarice et la peur, sont les deux traits distinctifs de ces malheureux esclaves.

Ils en portent l'empreinte indélébile sur leur visage et dans toute leur personne.

Il faut avoir vu ce peuple avili pour se faire une idée exacte de ce que peut sur les âmes un long système d'intimidation.

La vie de l'intelligence est éteinte depuis des siècles dans ces êtres infortunés, et, à de rares exceptions près, ils n'ont plus rien de l'homme que les instincts inférieurs et les grossiers appétits.

Aucune pensée supérieure ne saurait germer dans ces cerveaux pétrifiés, métallisés pour ainsi dire. Pas un sentiment généreux ne fait palpiter ces poitrines d'airain.

L'argent, voilà leur dieu, voilà leur culte ; ils adorent, comme leurs ancêtres, le veau d'or.

« Si on suit les Juifs du comptoir à la synagogue, dit M. Charles Didier dans sa remarquable *Promenade au Maroc*, on les retrouve semblables à eux-mêmes : esclaves de pratiques dont l'esprit est mort et le sens perdu.

« Ils confondent tout : Moïse et la cabale, les prophètes et les rabbins. Les superstitions les plus folles sont les mieux observées, et les cantiques sublimes du psalmiste sont traduits en vociférations si monstrueuses qu'on se demande, à les entendre, si ce ne sont pas des sauvages ivres qui mugissent autour de leurs fétiches. »

Voilà ce que sont aujourd'hui, sous la verge des tyrans africains, les descendants du prophète Isaï et du grand roi Salomon.

En quittant le consulat nous avions rencontré un peloton de cavaliers de l'armée marocaine; mais leur tenue, plus que négligée, n'avait pas précisément réjoui nos regards.

Si l'armée espagnole, dont je parlais tout à l'heure, est organisée à peu près comme l'armée française, l'armée marocaine, elle, a religieusement conservé dans son organisation, toutes les défectuosités ridicules qui singularisent la plupart des institutions orientales.

Ainsi, pour ce qui est des forces militaires que l'empereur du Maroc peut mettre sur pied, il est fort difficile, si ce n'est impossible, de les calculer même approximativement, car son autorité n'est pas assez puissante pour contraindre les tribus nomades à lui envoyer leurs contingents, et en temps de paix, il ne peut guère compter que sur les Maures (comme armée régulière, s'entend), qui forment un corps d'environ 30,000 hommes.

Encore ces Maures font-ils d'assez mauvais soldats. Les Berbères, dit M. Alarmon, sont du moins audacieux, vaillants et résolus; mais les Maures n'ont rien de grand : mous, pusillanimes, humbles avec les forts, insolents avec les faibles, ils ne connaissent ni la générosité ni le désintéressement. Étrangers aux plaisirs intellectuels, ils vivent plongés dans la fange des voluptés brutales. Dignes descendants des Carthaginois, ils n'ont d'autre ambition que celle de l'or.

Tous leurs efforts tendent à s'en procurer n'importe par quel moyen, et, dès qu'ils le possèdent, leur seul souci est de le cacher.

La véritable force de l'armée marocaine (toujours en temps de paix, car en temps de guerre les choses changent de face), est la garde fameuse des Abid-Bakari, les prétoriens du sultan, dont le nombre varie de 9 à 10,000 et qui se recrute exclusivement parmi les nègres.

Ces 10,000 noirs et ces 30,000 Maures, sont la garde personnelle de l'empereur : une partie veille sur ses palais, sur ses trésors.

Le reste tient garnison à Fez, à Maroc, dans les places fortes de l'empire, sert d'escorte aux consuls et aux étrangers de distinction, et va, à main armée, faire payer les impôts.

D'après les renseignements donnés par le colonel Coello, l'armée marocaine se divise ainsi :

La garde maure de l'empereur. 16,000 hommes.
La garde nègre . . . . 10,000 —
Les gardes nobles. . . . . 8,000 —
L'artillerie. . . . . 200 —
L'ascar. . . . . 2,000 —

L'entretien de cette armée coûte annuellement à l'empereur la somme de 13 millions de francs. La solde varie suivant les corps : son minimum est par mois de 4 francs et son maximum ne dépasse pas 100 francs.

La garde maure n'est pas toujours payée de même : bon nombre d'hommes reçoivent une terre qu'ils doivent cultiver pour eux, à condition de se fournir d'armes et de chevaux.

En outre de sa solde, chaque homme de cette armée régulière reçoit par an 2 chemises, 2 turbans, 2 paires de chaussures et un cafetan de drap rouge.

L'uniforme est à peu près le même pour les différents corps : le large pantalon, le haïk blanc ou rouge, le fez rouge conique autour duquel s'enroule le turban blanc.

Les fantassins portent des babouches jaunes et les cavaliers des bottes rouges ornées de longs éperons.

C'est là tout ce qui les distingue les uns des autres.

Quant à l'armement, il se compose de sabres de forme orientale, mais presque toujours fabriqués en Angleterre, de fusils et de pistolets anglais. C'est incroyable ce que l'Angleterre fournit au Maroc, et cela explique son intérêt à sauvegarder cette puissance.

Lors de la bataille d'Isly, nos soldats trouvèrent cant de provenances anglaises dans le camp marotain, qu'ils se figurèrent un moment que l'armée du sultan était composée d'Anglais.

La meilleure troupe de l'armée est sans contredit la cavalerie. L'infanterie, beaucoup moins nombreuse, est composée de Maures, trop pauvres pour avoir un cheval, et qui lâchent pied d'ordinaire après la première décharge.

La garde nègre, la phalange la plus justement renommée pour sa valeur, est parfaitement montée. Elle se sert, à cheval, de ses fusils avec une dextérité qui tient du miracle. Pour charger ces fusils, les nègres ne se servent pas de cartouches, mais de poudre de chasse contenue dans un sac en cuir, et de balles prises à même dans les poches des pantalons et qu'ils tiennent par trois ou quatre à la fois dans la bouche pour perdre moins de temps.

L'artillerie est servie presque entièrement par des renégats européens, la plupart échappés des présidios espagnols.

Le chef suprême de l'armée est naturellement l'empereur ; mais comme il se met rarement à la tête de ses troupes, il en donne le commandement à un général en chef, ordinairement son plus proche parent, auquel il remet le parasol en signe de puissance et d'investiture.

Ainsi le général en chef de l'armée actuelle est Huley-Abbas, le frère du sultan Mohammed-ben-Abder-Rhaman.

Après le général en chef viennent dans l'ordre de la hiérarchie militaire :

1° Les kaïds ou commandants de 500 hommes ;

2° Les enkadems, capitaines de 100 hommes ;

3° Les kalifats de second ordre commandant chacun 50 hommes.

L'ensemble des soldats se divise par groupes de 500 hommes formant autant de compagnies séparées commandées par un kaïd, cinq enkadems et dix kalifats, et ayant chacune sa musique particulière et deux drapeaux.

L'artillerie se divise en batteries dont les officiers, kaïds et bordys, sont soumis dans les places fortes aux ordres des bajas ou gouverneurs, et dans les camps à ceux des kaïds *el tabdias*.

Mais en temps de guerre cette armée prend un tout autre caractère et offre un cachet bien différent.

Lorsque le danger est pressant, lorsque le sultan, usant de son pouvoir comme successeur du prophète, proclame la guerre sainte ou Djehad ; lorsque les imans prêchent cette guerre dans les mosquées ou promènent de ville en ville les ossements des Sautons les plus célèbres, et que l'on expose publiquement les clefs de Grenade et de Cordoue, ces dépouilles enlevées jadis à l'Espagne, ces souvenirs de gloire et de conquête devenus des reliques précieuses dont la vue excite l'enthousiasme des populations, les Arabes, les Berbères, les nègres, les Maures même accourent se réunir pour la défense de l'empire, et présentent alors une armée dont l'effectif peut, sans la moindre exagération, être porté à 100,000 combattants.

Les cheiks convoquent les milices des villages et des campagnes : soldats irréguliers, indisciplinés, pillards et mal équipés, dont chacun reçoit pour le temps de l'expédition environ 25 francs par mois.

L'infanterie résultant de cette levée extraordinaire se recrutant dans les rangs des plus pauvres, des plus timides et des moins aguerris, est la troupe la plus mauvaise, la moins dangereuse pour l'ennemi, même la plus ridicule qu'on puisse présenter.

Tous ces hommes armés au hasard, les uns de lances, les autres de longs fusils en piètre état, ceux-ci de poignards, ceux-là de sabres, couverts de burnous grossiers en poil de chameau, marchent à l'ennemi comme un troupeau, beuglant, hurlant, s'excitant par des clameurs affreuses, mais se faisant ramener au premier choc, et fuyant de toutes parts à la première attaque.

La cavalerie, elle, a toute l'ardeur, tout le courage justifiant la renommée des anciens Numides. Admirablement montés, conduisant avec aisance et dextérité des chevaux petits de taille mais infatigables, solides sur leurs selles hautes et leurs larges étriers triangulaires, dont le tranchant sert d'éperons redoutables, ces cavaliers intrépides manient merveilleusement le sabre, la lance, le fusil, même le lacet.

La tactique de la cavalerie arabe est simple et invariablement la même. Elle se reproduit dans toutes les *fantasias*. Elle consiste à s'élancer en masse, en escadrons serrés, pressés, confondus, puis, arrivés à faible distance de l'ennemi, ces escadrons s'éparpillent tout à coup, s'élancent, bondissent et menacent à la fois la tête et les flancs de la colonne attaquée, et une grêle de balles tombe sur cette colonne assaillie de tous côtés à la fois par un ennemi qui paraît constamment fuir et qui revient sans cesse à la charge.

Les Berbères surtout, ces enfants de la montagne qui en connaissent tous les détours et tous les défilés, habiles à dresser des embuscades, d'une témérité folle, rampant dans les cactus et les palmiers nains, pénétrant à la faveur des ténèbres jusqu'au milieu d'un camp ennemi, se relevant brusquement en poussant des cris épouvantables, en semant autour d'eux la confusion résultant de la surprise ; ces Berbères qui ne font jamais de prisonniers, qui ne se rendent jamais, dont le plus grand déshonneur pour eux est de tomber vivant entre les mains des chrétiens ou de leur abandonner un des leurs, mort ou blessé ; les Berbères rendent les incessantes escarmouches qu'ils provoquent plus dangereuses souvent pour une armée qu'une véritable bataille rangée.

Quant à la garde nègre, qui entre toujours la dernière en campagne, et qui est considérée comme réserve, lorsqu'elle donne, elle déploie une énergie dans l'action et une cruauté dans la victoire également effrayantes. A la bataille d'Isly, cette [garde nègre chargea sur nos carrés et se fit décimer héroïquement à bout portant.

C'est dans la cavalerie qu'est donc réellement la force de l'armée marocaine.

Quant au sultan, nous l'avons dit, jamais il ne prend en personne le commandement de l'armée ; il demeure dans ses palais, attendant le résultat de l'expédition. Rarement même il se montre en public. S'il le fait, comme lorsqu'il voyage ou qu'il change de résidence, c'est toujours avec ce luxe d'entourage, cette pompe éclatante et embarrassante, ce cortége imposant et fait pour inspirer plus de crainte que d'amour, particuliers aux despotes orientaux.

L'ordre de la marche est invariable en toutes circonstances. Le voici tel que le transcrit un témoin oculaire :

1° En tête, un escadron des Maures de la garde.

2° Deux cavaliers richement vêtus et portant chacun en arrêt une lance empoisonnée.

3° Le sultan en manteau blanc et en turban vert.

4° Les esclaves agitant les éventails pour rafraîchir l'air.

5° Quatre hauts fonctionnaires, grands dignitaires de l'empire portant : le premier le parasol, le second la montre du sultan, le troisième sa lance, et le quatrième son sabre.

6° Les ministres en fonctions.

7° Les médecins.

8° Deux imans avec les insignes de leur rang.

9° Deux grands officiers de l'empire.

10° Quatre bourreaux portant les noms significatifs de leurs charges différentes : l'*Intendant*, le *Fouetteur*, l'*Empaleur* et l'*Écharpeur*. Des aides et des esclaves portent devant eux les instruments de supplice.

11° La garde noire, le sabre nu à la main et précédée de sa musique.

12° Deux escadrons de garde maure.

13° Deux batteries d'artillerie de campagne portées à dos de chameaux.

14° Les esclaves, les serviteurs et les femmes.

(Je demande pardon très-humblement à mes lectrices pour avoir relégué ainsi le beau sexe à la place la plus humble; mais cette impolitesse ne doit pas m'être attribuée, le cérémonial marocain est seul coupable).

Quand on songe à cette description de la marche du sultan, on est tenté de croire que l'on a sous les yeux quelque légende du moyen âge, et l'on comprend difficilement que pareilles choses se passent en plein dix-neuvième siècle, à une portée de canon au plus de l'Europe civilisée; mais ce que l'on est tenté de comprendre encore moins, c'est la ténacité de la barbarie partout où règne la religion mahométane. On parvient plus facilement à civiliser les sauvages que les sectateurs du Prophète.

« La Chine, le Japon et le Maroc, a dit un écrivain moderne, sont peut-être les trois puissances les plus récalcitrantes au progrès des lumières. L'éloignement des deux premières, leur isolement, expliquent encore cet état demi-sauvage de leurs habitants; mais le Maroc! cet empire qui côtoie la civilisation française en Algérie, et qui reçoit dans quelques-unes de ses villes les consuls de toutes les contrées européennes! Et cependant là plus qu'ailleurs règnent encore la haine du giaour et le mépris du youdi. Chrétiens et juifs sont placés au-dessous des animaux immondes, et tel est le fanatisme féroce de cette nation africaine, qu'elle ne voit dans une déclaration de guerre avec les puissances chrétiennes qu'un moyen de brûler de la poudre en l'honneur du Prophète, sans souci des conséquence politiques qui peuvent changer la face de l'empire. »

XXIII

David.

Nous avions parcouru déjà bon nombre de petites rues; marchant au hasard, et peu soucieux de chercher un guide, nous continuâmes à visiter la ville sans nous préoccuper de procéder par ordre dans notre examen de touristes.

Tanger est bâti sur la pente occidentale d'une colline qui termine, à l'ouest, une baie peu abritée des vents, baie dans laquelle était alors mouillé le Lavoisier.

Sa position, assez pittoresque, présente, en laid,

quelque analogie avec celle d'Alger. La ville a une forme presque carrée.

Les remparts ont un mur flanqué de tours assez rapprochées. La partie qui regarde la mer a beaucoup souffert du bombardement fait par notre flotte le 16 août 1844.

Tanger paraît occuper l'emplacement de l'ancienne Tingis, capitale de l'ancienne Tingitane ; seulement le sol paraît être exhaussé, soit par l'entassement des décombres, soit par l'effet de quelque tremblement de terre.

Les seuls édifices de quelque apparence sont les maisons des consuls d'Europe, qui occupent à elles seules près d'un tiers de la ville.

Toutes les autres maisons sont basses, irrégulières et toutes taillées sur le même modèle.

Ce sont de grands cubes blancs, ainsi que je le disais tout à l'heure, uniformes et sans croisées.

Parmi les rues étroites pleines de cailloux et d'immondices, il n'y en a qu'une seule de passable. Elle traverse toute la ville du haut en bas et descend vers les bords de la mer.

Cette rue est coupée en deux par une place, l'unique de Tanger, et bordée, dans sa partie supérieure, de deux rangs de boutiques (boutiques toujours à l'état d'antres noirs sans portes ni fenêtres).

Le château ou la kasbah, bâti au sommet d'une colline, est la seule partie de Tanger qui attire l'attention du touriste.

On y monte par un rude sentier en zig-zag, et l'une des portes donne sur la campagne.

La Kasbah est aujourd'hui délaissée et tombe en ruines.

On pénètre dans l'intérieur par un couloir obscur et l'on entre dans une première cour ornée de colonnes évidemment romaines, et sur laquelle s'ouvrent plusieurs appartements délabrés dans le style de l'Alcazar de Séville.

Les plafonds concaves et sculptés en bois avec une délicatesse extrême sont encore charmants quoique à moitié tombés.

Les portes, qui ont été sculptées avec le même art que les plafonds, sont vermoulues et hors d'usage.

Du reste, il n'y a rien à fermer, car tous les appartements sont abandonnés aux hirondelles et aux palombes.

Les cours sont pavées de dalles de pierre, quelques-unes avec assez de goût.

Un escalier dégradé, comme tout le reste, mène aux terrasses supérieures. L'ascension est difficile; mais, en atteignant le faîte, on est dédommagé des difficultés de l'entreprise, par l'air pur qu'on y respire et par le vaste horizon qu'on a sous les yeux.

Ces terrasses ne composent point une plateforme unie, mais elles sont échelonnées en gradins inégaux et séparées par les cours intérieures.

La campagne de Tanger est pittoresque. Les jardins des consuls, situés très-près de la ville, l'environnent à demi d'une ceinture de verdure fraîche et parfumée.

On y trouve beaucoup de figuiers d'Inde que les Maures, en nous rendant le compliment, appellent figuier des chrétiens (*khermous en nasran*).

A quelques milles de la ville, en allant au cap Malebatte, on rencontre une ruine romaine, le vieux Tanger.

Les Maures en avaient fait une batterie qui commandait la baie et qui est aujourd'hui réduite à un canon sans affût.

Aux pieds des murs de Tanger, du côté de la campagne, est une place toute creusée de fosses profondes et circulaires où l'on conserve le blé.

Le sol résonne et même quelquefois s'enfonce sous le pied des chevaux.

C'est sur cette place que se tient deux fois par semaine (le lundi et le jeudi) le marché ou *sauk*.

La fondation de Tanger remonte à une époque

fort reculée. Cette ville passa successivement au pouvoir des Romains et des Goths.

Au commencement du vIII° siècle, elle fut prise par les Arabes qui la conservèrent jusqu'à l'année 1471 où elle passa au pouvoir des Portugais.

En 1662, la princesse Catherine apporta cette ville en dot au roi d'Angleterre Henri II; mais, rebuté par les attaques réitérées des Maures, le gouvernement anglais se décida, après vingt-deux ans d'occupation, à abandonner cette place en ruinant le môle et les fortifications.

Depuis lors Tanger est resté sous la domination de l'empereur de Maroc; il n'y est pas arrivé d'événements dignes de remarque jusqu'au 6 août 1844, où la ville fut bombardée par l'escadre du prince de Joinville.

C'était, on se le rappelle sans doute, à l'occasion de l'espèce de protectorat accordé par l'empereur de Maroc à l'emir Abd-el-Kader. La France demandait qu'Abd-el-Kader fût chassé du territoire marocain ou forcé d'y vivre en simple particulier et non comme chef de parti excitant les esprits contre notre domination en Algérie.

Les négociations, qui avaient duré deux mois, n'avaient amené aucun résultat satisfaisant.

Pendant que Mouley-Abd-er-Rhaman protestait

de son désir de vivre en harmonie avec la France et qu'il faisait écrire par le kaïd d'El-Araich qu'il était disposé à accorder toute satisfaction au gouvernement, ses généraux attaquaient de nouveau nos troupes, et l'on acquérait la certitude que les chefs les plus acharnés contre les Français étaient portés en triomphe, tandis que l'influence d'Abd-el-Kader grandissait de jour en jour dans la province de Fez.

L'émir continuait à exploiter l'impuissance de l'empereur contre ses sujets et les dispositions hostiles des Berbères contre leur maître.

Après s'être imposé à Muley-Abd-er-Rhaman comme son kalifat, et lui avoir arraché en quelque sorte le gouvernement absolu de la province du Riff, il s'était fait envoyer par Sidi-Mohammed, fils de l'empereur, un approvisionnement considérable de fusils anglais avec des instructions pour le tir du canon, imprimées en anglais et en arabe.

Il tenait des assemblées publiques auxquelles assistaient de hauts personnages de l'empire.

Les discours prononcés dans ces réunions étaient de la dernière violence.

C'étaient des prédications fanatiques qui avaient pour effet d'exalter les passions et de porter les musulmans à la guerre sainte contre la France.

M. de Nyon, notre chargé d'affaires, adressa, le 23 juillet, à l'empereur de Maroc, une lettre demandant une réponse précise et définitive et donnant huit jours de délai avant l'ouverture de la guerre.

Cet ultimatum obtint une réponse vague, obscure, embarrassée de restrictions à l'égard d'Abd-el-Kader.

L'empereur renouvelait la promesse déjà faite, mais demeurée sans résultat, d'une punition exemplaire des chefs marocains coupables d'agressions sur notre territoire, mais en subordonnant cette punition à la condition que le maréchal Bugeaud serait blâmé, rappelé, destitué et même *bâtonné!*

En présence d'une telle situation devenue impossible, on résolut d'agir, et tandis que l'armée de terre s'avançait vers les frontières, l'escadre commençait ses opérations dans la Méditerranée sous le commandement du prince de Joinville.

Cette escadre se composait des vaisseaux : le Suffren, de 90 canons, portant le pavillon amiral ; le Jemmapes, de 100 canons; le Triton, de 80; des frégates la Belle-Poule, de 60 canons ; du Labrador, de l'Asmodée, de l'Orénoque, toutes trois à vapeur; des corvettes à vapeur le Pluton, le Gassendi, le Véloce, le Cuvier; puis des bâtiments de moindre force, le Phar, le Castor, le Cocyte, 'Etna le Tartare, l'Euphrate, la Chimère, le Rubis, le Var, le Grégeois et le Météore ; enfin des bricks de guerre l'Argus, le Cassar et le Pandour, et des gabarres l'Aube, la Provençale et la Perdrix.

Le 6 août, le bombardement de Tanger eut lieu.

Embossée sous les murs de la ville, la flotte ouvrit le feu vers huit heures du matin. En une heure de temps, les batteries de la place furent démantelées.

Le feu, toutefois, ne cessa entièrement qu'à onze heures.

Tous les bâtiments de l'escadre prirent au succès une part glorieuse.

Malgré les difficultés de la plage, tous vinrent prendre leur poste d'embossage.

Le vaisseau amiral le Suffren, monté par le prince de Joinville, porta son mouillage par six brasses et demie, fond de roche, au poste le plus rapproché des batteries ennemies.

La résistance avait été plus vigoureuse qu'on aurait pu le croire. Quatre-vingt pièces avaient répondu au feu de la flotte.

La division espagnole, un vaisseau et une frégate anglaise, des bâtiments de guerre sardes, suédois et américains, assistaient à cette brillante journée.

Le lecteur connaît le résultat de cette guerre avec

le Maroc. On sait que, tandis que la flotte allait bombarder Mogador, notre armée de terre remportait à Isly l'une de ses plus brillantes victoires sur le sol africain.

Depuis cette époque, les fortifications de Tanger ont à peine été relevées.

A l'ouest de Tanger est situé le cap Spartel, l'Ampelunium des anciens.

Il regarde la *mer de Ceinture*, la *mer des Ténèbres* (bahr-ed-Dholwa) où la *Grande Mer* (Bahrel-Kebir), c'est ainsi que les Arabes appellent l'océan Atlantique pour le distinguer de la Méditerranée.

Le cap Spartel est un promontoire taillé en pic et jeté en éperon dans les flots.

La vague a creusé dessous plusieurs cavernes, dont une plus spacieuse que les autres était consacrée jadis à Hercule, le patron du détroit.

Aujourd'hui cette caverne est toute percée à jour.

Les habitants en extraient des meules qu'ils détachent des parois après les avoir taillées sur place, de manière que la grotte se trouve criblée d'une énorme quantité de trous ronds à travers lesquels on voit l'azur du ciel et de la mer.

A quatre heures nous avions visité la ville et les environs, et Tanger ne nous offrant plus rien qui piquât notre curiosité, nous voulûmes dépenser l'heure entière qui nous restait avant de nous rendre au consulat de France, en allant faire une station dans les magasins de David.

David est le Rotschild de Tanger : c'est le banquier par excellence ; seulement il ne borne pas son industrie au commerce de l'argent, il l'étend encore dans les sens les plus larges, sur tout ce qui peut se vendre ou s'acheter.

La maison de David est un véritable bazar où s'étalent, pour les Européens, tous les produits du Maroc, et où les Marocains peuvent venir chercher de leur côté tous les produits de l'Europe.

David, qui parle à peu près toutes les langues, nous salua en excellent français et nous reçut avec une urbanité toute gracieuse.

Avant de choisir les marchandises dont nous voulions faire emplette, il fallut à toute force accepter la tasse de café traditionnelle et fumer la pipe de l'amitié en compagnie du digne négociant.

Ces premiers devoirs de politesse accomplis, nous fûmes libres de visiter les magasins.

Que de choses, grand Dieu ! entassées pêle-mêle dans ces pièces de mesquine dimension ! Que de richesses amoncelées sur les dalles rouges qui recouvraient le plancher! que d'or! que de pierreries! que de bijoux!... c'était à éblouir les yeux.

David, il faut le dire, est une exception parmi ceux de sa race. Ses relations incessantes avec les Européens, avec les consuls, avec les habitants de Tarifa, d'Algésiras et de Gibraltar dont il est l'unique correspondant, ont fait de lui un homme bien élevé, presque instruit et tout à fait au-dessus des préjugés de ses coréligionnaires.

Sa richesse, qu'il ne cache pas, à l'encontre des habitudes des autres Juifs, lui vaut, même de la part des Maures, une certaine considération.

Il ne craint rien, car le gouvernement, qu'il oblige souvent, le protége, et il sait que toutes les portes des consulats lui seraient ouvertes en cas de péril.

Son influence est réellement considérable. A Tanger, David est une puissance, ce qui ne l'empêche pas d'être avant tout marchand et de vendre le plus qu'il peut au plus cher possible.

Cependant, il prétendit nous traiter en amis.

XXIV

Les Presidarios.

Après avoir fouillé jusque dans leurs plus sombres retraites les magasins de David, après avoir fait ample provision de ceintures arabes, de poteries marocaines, de tambours mauresques, d'encriers pointus, de pipes de toutes formes et de tous genres, de burnous, de coussins de cuir, de ces mille futilités brillantes autrefois peu répandues sur nos étagères parisiennes, et qui, aujourd'hui, encombrent les boutiques du boulevard des Italiens et celles de la rue de Rivoli, nous priâmes notre marchand d'envoyer à bord nos emplettes, et nous primes congé de lui pour nous rendre au consulat de France.

L'heure du dîner allait sonner.

Le repas, composé de mets un tiers français, un tiers espagnol, et un autre tiers arabe, fut d'une gaîté charmante, et au moment où nous passions dans le salon diplomatique, nous vîmes arriver tout un frais cortége de jeunes filles et de jeunes femmes accompagnées par leurs pères ou leurs maris, leurs oncles ou leurs tuteurs.

Madame Bouré faisait aux officiers du *Lavoisier* la surprise d'une soirée dansante, et chaque personnel des consulats arrivait avec un empressement dénotant la parfaite entente régnant entre les agents diplomatiques des divers pays du globe.

Rien de plus original que ce bal où toutes les contrées civilisées se trouvaient à peu près représentées.

Tous les divers types de la race blanche se heurtaient, se pressaient, se coudoyaient, animés par un même et unique sentiment : celui du plaisir.

Ici les nièces du consul espagnol, deux beautés andalouses aux cheveux d'ébène, au teint mat, aux allures vives et décidées, babillaient avec les trois filles de l'agent anglais, frêles enfants du Nord, aux joues rosées, à la chevelure blonde, aux yeux bleus, à la démarche lente et timide.

Plus loin, la femme du consul de Naples, charmante Sicilienne, aux regards étincelants, se promenait côte à côte avec la pâle compagne du consul de Suède.

Là, le représentant de la Russie causait affaires avec l'agent autrichien, et l'Allemagne, représentée par la fille du consul prussien, s'entretenait languissamment avec une belle Américaine, enfant de l'équateur, le type le plus pur et le plus séduisant de la créole.

Tous les idiomes se croisaient et se mélangeaient au milieu de cette réunion où cependant, par une délicate condescendance pour le maître du logis, la langue française dominait en reine.

Bientôt la musique se fit entendre ; le piano résonna et les premières mesures d'une polka faisant frissonner d'impatience toutes ces jeunes et charmantes femmes, l'entraînement de la danse confondit en un clin d'œil toutes les nationalités.

Le jour venu, on dansait encore.

Ollivier qui connaissait Tanger de longue date et qui paraissait être au mieux avec un nombre respectable des habitants de la ville, nous avait retenu trois chambres dans une maison juive du voisinage et nous pûmes aller prendre un repos nécessaire sans retourner à bord de la corvette.

Après un déjeuner des plus frugals offert par le juif propriétaire, nous sortîmes pour flâner de nouveau par la ville, mais nous avions visité Tanger en détail durant notre excursion de la veille et nous n'avions plus rien à voir.

« Prenons une balancelle et allons à Ceuta, dit l'un de nous.

— Approuvé ! » répondirent sans hésiter les autres.

Nous nous rendîmes au port, et après quelques pourparlers avec un patron marocain, nous parvînmes à fréter une barque pour repasser le détroit. Nous devions revenir le lendemain matin.

Ceuta (Septa), qui doit son nom aux montagnes que les Romains avaient appelées Septem-Fratres, et qui appartient aujourd'hui à l'Espagne, a été tour à tour romaine, vandale, gothe, arabe et génoise.

Cette ville était encore très-fortifiée du temps d'Aboul-Féda.

Elle fut attaquée par les Portugais en 1409 et enlevée aux Maures six ans après par le roi Jean. Elle resta deux siècles et demi au pouvoir du Portugal qui la regardait comme une sorte d'école militaire où les jeunes gens allaient apprendre la guerre en ferraillant contre les infidèles.

Le célèbre poète Camoëns y fit lui-même son apprentissage de soldat et y perdit un œil dans une affaire contre les Maures.

En 1668, le Portugal céda Ceuta à l'Espagne par un article du traité de Lisbonne.

Ceuta est bâtie sur une presqu'île.

A l'est se trouve le mont *Abyla*, aujourd'hui *Acho* ou *montagne des Singes*, que j'avais aperçu du haut du rocher de Gibraltar auquel il fait face, ainsi que je l'ai expliqué.

C'est à Ceuta que l'Espagne a établi ses *présides* c'est-à-dire ses bagnes.

Les galériens s'y promènent librement et ne sont en aucune manière l'objet de la réprobation des habitants.

Ils vont partout, dans les cafés, chez les marchands, à la promenade.

Rien n'est moins triste que la vue de ces condamnés, et on oublie en les coudoyant à chaque pas, la terrible dette que chacun d'eux a dû contracter envers la société.

Les *présidarios* ou forçats sont, à Ceuta, au nombre de 4,000 environ.

On les emploie à tous les travaux du port et des fortifications.

Les meilleurs sujets servent dans les maisons particulières : ils sont libres dès le matin et doivent rentrer à leur bagne au coup de canon de chaque soir.

« Dans le midi de l'Espagne, a dit un voyageur, lequel a visité le détroit quelques années après moi, les têtes sont chaudes, les vins capiteux, les rixes sont fréquentes, et se terminent ordinairement par des coups de couteau. Du reste, les condamnés n'inspirent pas la même répugnance que nous éprouvons en France.

« Quand ils passent devant une boutique de confiseries, s'ils ont de l'argent, ils entrent, mangent un gâteau, boivent un petit verre côte à côte avec les officiers ou bourgeois, qui en font autant; ils ne manquent jamais, suivant l'habitude de ce pays, de mettre à la disposition de l'assistance la consommation qu'on leur a servie ; les mœurs ici ne s'offensent point de ce contact continuel.

« Ceuta a été complètement bâtie et fortifiée par les *présidarios*. Je ne sais si, comme à Toulon et à Brest, ils font ces petits ouvrages de patience ; mais j'ai retrouvé dans certains travaux de la ville exécutés par eux, le caractère des gens pour lesquel temps n'a aucune valeur, et qui cherchent à le diminuer par la multiplicité des détails; ainsi les principales rues sont pavées avec des galets d'une très-petite dimension.

« Un forçat a eu l'idée de diviser les couleurs et de faire des mosaïques grossières : ce sont ordinairement des guirlandes blanches qui se déroulent sur un fond de pavés noirs ; mais quelquefois l'artiste a composé des petits sujets ou représenté des animaux, et ce pavé ornementé que j'ai trop pompeusement appelé mosaïque est d'un assez grand effet. »

L'un de ces galériens s'offrit à nous pour nous faire visiter la ville, laquelle ne présente absolument rien de curieux à voir, mais ce qui ne nous fit nullement regretter notre promenade, ce fut la conversation de notre cicerone.

Il nous raconta sa vie, et je ne me rappelle pas avoir lu dans le roman le plus taxé d'exagérations, un enchaînement de faits aussi incroyables que celui qui avait conduit cet homme, de l'Angleterre où il était né, sur la terre africaine où l'avait envoyé la justice espagnole.

Notre guide s'appelait John, nom qu'il avait espagnolisé en se faisant nommé Juan.

En 1820, à peine âgé de dix-huit ans, il avait été condamné à mort pour un vol commis à main armée et accompagné de tentative d'assassinat sur la grande route de Londres à Manchester.

Sa peine, à cause de son extrême jeunesse, avait été commuée en celle de la déportation perpétuelle.

Conduit à Sidney, dans la Nouvelle-Hollande, il s'était senti tout à coup dévoré du plus ardent désir de revoir sa terre natale, et quelque temps après son arrivée, il s'était sauvé à la nage à bord d'un brick en partance, dans la cale duquel il parvint à se cacher jusqu'au moment où le navire atteignit la pleine mer.

Malheureusement pour lui, le mauvais temps força le brick à rentrer à Sidney.

Remis aux autorités, il reçut cent coups de fouet et fut envoyé à la colonie pénitentiaire du port Macquarrie.

Le condamné y resta d'abord pendant une année entière avec les fers aux pieds, consumé par le chagrin et le mal du pays, sans recevoir aucune nouvelle de ses parents, exclu de la société des hommes, sans espérance pour l'avenir.

Dans ce triste état, il résolut de faire une nouvelle tentative d'évasion.

Un jour, en effet, il s'enfuit dans l'intérieur des terres avec quelques-uns de ses compagnons d'infortune ; mais le surlendemain de leur évasion, les malheureux furent attaqués par un parti de naturels qui blessèrent quelques-uns d'entre eux et leur enlevèrent à tous leurs vivres et leurs habits.

Dans cette situation, continuer sa route, c'était courir à une perte presque certaine, mais retourner c'était aller au devant du fouet pour être ensuite attachés à la chaîne avec les derniers des criminels.

Il fut donc résolu de continuer à marcher.

Perdus dans les Montagnes-Bleues, errant pendant soixante jours, complètement nus, ne vivant que de euilles d'arbres ou de coquillages ramassés à grand'peine sur le bord de la mer, ils finirent par arriver dans les environs du port Philippe, à l'extrémité méridionale de la Nouvelle-Hollande.

Surpris par une tribu, ils furent livrés par elle aux autorités qui les envoyèrent, nus comme ils étaient, à l'établissement fondé sur le Goal-River pour l'exploitation des mines de houille.

Là on leur distribua à chacun une couverture qu'ils furent obligés de rendre lorsqu'on les transborda sur un navire du gouvernement qui était venu chercher du charbon.

Ce navire les conduisit à Sidney pour y être jugés à raison de leur tentative d'évasion.

Ils firent le voyage dans la cale, couché tous nus

sur une voile qui recouvrait un lit de charbon. Débarqués dans ce misérable état à Sidney, la charité publique leur fournit quelques habits ; encore l'un d'eux n'eut-il, pendant six mois, qu'un pantalon de grosse toile pour tout vêtement.

Condamnés à recevoir cent coups de fouet et à être ensuite renvoyés au port Macquarrie, ils ne subirent que la seconde partie de la sentence, les médecins ayant déclaré que les coups de fouet ne pouvaient leur être appliqués sans péril de mort.

Après quelques temps de séjour au port Macquarrie, le désir de s'évader revint plus fort que jamais dans le cœur du malheureux condamné. Échappé pour la troisième fois avec quelques autres condamnés, dans une petite barque, sans vivres, réduits à faire une voile avec leurs chemises, la faim contraignit les fugitifs, après neuf jours des plus cruelles souffrances, à entrer dans le port d'Hobart-Town, à la terre de Van-Diémen.

Arrêtés de nouveau et ramenés au port Macquarrie, on les envoya de là sur l'île Big, où sont détenus les criminels les plus dangereux.

Les horreurs de se séjour étaient telles, au dire de notre guide, que la langue manque de mots pour les rendre.

— J'y ai vu plusieurs fois, nous dit-il encore tout

ému à la pensée de ses souffrances passées, des malheureux commettre des meurtres dans le seul but d'être envoyés à Sidney pour y être jugés, sachant bien que la mort les y attendait, mais du moins comptant sur le temps du voyage comme sur un temps de répit.

« J'y ai connu un certain Pearce, dont l'histoire était aussi horrible qu'extraordinaire. Dans une tentative qu'il avait faite pour s'échapper avec quelques malheureux comme lui, le manque de vivres les força de tirer au sort pour savoir celui d'entre eux qui servirait de nourriture aux autres. Tous périrent successivement, excepté Pearce et un autre.

« Pendant quarante-huit heures, ces deux hommes restèrent en présence, connaissant chacun les horribles intentions de l'autre, n'osant pas se quitter, chacun dans la crainte de perdre sa proie; ce fut enfin Pearce qui tua l'autre.

« Surpris quelques heures après par les indigènes et remis par eux aux autorités, Pearce fit une nouvelle tentative d'évasion en compagnie d'un certain Cox qu'il tua encore et qu'il dévora. Ce fut pour ce crime, découvert quelque temps après, qu'il fut enfin pendu. »

Tels étaient les hôtes de cet affreux séjour que John habita pendant plus de sept ans.

Sa conduite lui ayant enfin valu d'être transporté à Hobart-Town, il trouva moyen de s'échapper à bord d'un navire où il resta caché dans la cale pendant vingt et un jours sans que personne ne se doutât de sa présence. Toutefois cette quatrième tentative ne réussit pas mieux que les précédentes. En arrivant à Sainte-Hélène, le capitaine remit John aux autorités anglaises, qui l'envoyèrent au cap de Bonne-Espérance, de là à l'île Robin, où il travailla pendant sept mois avec une chaine du poids de vingt-cinq livres au pied, pour être enfin réintégré à l'établissement pénal du port Macquarrie.

Pendant cette dernière traversée, le courage qu'il montra dans une tempête le fit recommander à la compassion des autorités.

Trois ans après, elles l'envoyèrent à Hobart-Town, où il obtint enfin de s'établir comme colon libre, mais sans pouvoir sortir de l'île.

Il soupirait cependant toujours après l'Angleterre, aussi un beau jour il s'échappa à bord d'un baleinier américain sur lequel il navigua pendant quelques mois ; mais, soupçonnant que le capitaine avait l'intention de le livrer aux autorités anglaises, il profita d'une relâche à la Nouvelle-Zélande pour déserter.

Vivant avec les indigènes, il fut bien traité par eux jusqu'au jour où il trouva l'occasion de s'embarquer, sans faire soupçonner sa qualité, sur un navire américain qui retournait à Boston.

De là il passa à Québec, puis à Greenock, à Liverpool, et enfin à Manchester, où il gagnait honnêtement sa vie par le travail de ses mains lorsqu'il fut reconnu.

John nous affirma que, depuis sa première condamnation il n'avait rien eu à se reprocher et avait vécu sans commettre la moindre faute.

Arrêté par les autorités anglaises et traduit de nouveau en justice, il raconta sa vie en protestant de la véracité de ses paroles.

Cette histoire, racontée d'une voix émue. mais simplement et sans emphase, avait fait une impression profonde sur l'auditoire. Ce malheureux, si longtemps poursuivi en tous lieux par la loi pour un crime commis il y avait plus de vingt ans; cette infatigable énergie d'espérances que rien n'avait pu lasser, et qui avait exposé John à des souffrances si longues et si vives; l'expression de sa physionomie, les traces de tant de malheurs empreintes sur tous ses traits, appelaient la pitié sur lui; et il y eut un moment d'attente solennelle lorsqu'on le vit, pâle et s'inclinant respectueusement, écouter la nouvelle sentence que la loi allait prononcer contre lui.

En effet, cette loi devait être inflexible, mais ce ne fut pas sans émotion cependant que le juge termina son discours en déclarant qu'il lui était impossible de ne pas confirmer purement et simplement le premier jugement qui avait condamné John à la déportation perpétuelle, et dont l'application le renvoyait pour toute la durée de son existence dans ce séjour d'horreurs dont il venait de faire, peu d'instants auparavant, une peinture si effrayante.

Conduit à Portsmouth pour y être embarqué, John parvint à se sauver. Il se cacha et se réfugia à bord d'un vaisseau espagnol.

Débarqué à Cadix, il traîna pendant quelque temps une vie misérable sur le sol de la péninsule.

Il obtint, je ne sais plus comment, des lettres de naturalisation, et, devenu Juan de John qu'il était; il essaya de se créer une position indépendante, mais la guerre civile désolait alors l'Espagne.

Ne sachant comment vivre, Juan se jeta dans la politique.

Son parti fut vaincu, il fut poursuivi, traqué, pris et condamné aux galères à perpétuité.

Le malheureux avait trouvé le même sort dans deux patries différentes.

Cette fois il paraissait résigné et il affirma qu'il n'essayerait aucune nouvelle tentative de fuite.

Il était bien payé, au reste, pour être à jamais dégoûté de l'évasion.

Au moment du départ, Juan nous accompagna jusqu'à notre balancelle.

Le pauvre diable paraissait s'être fort attaché à nous : il avait les larmes aux yeux en nous souhaitant un bon voyage.

Les deux douros que nous lui donnâmes pour prix de ses services ne semblaient en aucune façon le consoler de notre départ de Ceuta.

Remontés à bord du *Lavoisier*, le chirurgien qui nous avait accompagné à Ceuta, s'aperçut qu'il avait perdu sa bourse.

Nous nous rappelâmes aussitôt que Juan avait baisé les pans de son habit.

Cette circonstance éteignit soudain la commisération que nous ressentions à l'égard du condamné.

Il faut avouer que si ce que nous avait raconté cet homme et ce que je viens de vous raconter à mon tour était vrai, et que si le docteur avait réellement perdu sa bourse, le mauvais sort s'était attaché bien cruellement après le malheureux Juan, car nous aussi nous le condamnions moralement.

XXV

Tétouan et Mellila.

Tetouan (*Titâouân* en arabe) que nous allâmes visiter à son tour le second jour suivant, est une ville fort ancienne.

Située au sud du cap Negro, elle est assise à 6 kilomètres de la Méditerranée, sur une colline rocailleuse.

Sa population est de 12 à 15,000 habitants, dont les juifs forment le quart. Tétouan a un caractère plus maure que Tanger.

Beaucoup de rues sont couvertes et forment de

véritables souterrains, comme la grotte de Pausiippe ou les sombres galeries du Simplon.

Ces obscurs couloirs ont des portes ou des grilles qui se ferment la nuit. D'autres rues sont couvertes de treilles, et cette verdure inattendue entretient une précieuse fraîcheur.

Les boutiques s'y trouvent en grand nombre, et presque toutes sont tenues par des Algériens dont le costume brillant contraste avec la simplicité marocaine.

Il y a une vingtaine de mosquées à peu près. La ville a, de loin, l'apparence d'une place extrêmement fortifiée. Elle est ceinte de murailles épaisses flanquées de tours carrées de distance en distance, et commandée par un château isolé.

Elle est séparée de la mer par une lande solitaire et triste. Le fleuve Martil ou Martine traverse silencieusement ce désert et va se jeter dans la Méditerranée, à deux lieues au-dessous de la ville.

L'embouchure de ce fleuve est assez large et assez profonde pour recevoir des navires.

Tétouan fut prise et saccagée par les Castillans au commencement du quinzième siècle. Beaucoup de Maures vinrent s'y réfugier après leur expulsion d'Espagne. Cette ville fut la résidence des consuls européens jusqu'en 1770.

A cette époque, un Anglais ayant tué un Maure, tous les consuls reçurent du gouverneur de la province, l'ordre de quitter immédiatement la place et d'aller s'établir à Tanger.

C'est à Tétouan que s'approvisionne en grande partie la garnison anglaise de Gibraltar. Avant la bataille d'Aboukir, la flotte de Nelson stationna longtemps dans la baie de Tétouan.

Lorsqu'après cette seconde et plus longue excursion nous revînmes à Tanger, nous étions passés à l'état de nègres de la plus belle noirceur, tellement nous avions été exposés aux rayons ardents du soleil africain.

Enfin, le 29 août, c'est-à-dire, vingt jours juste après le départ du *Lavoisier* de Mers-el-Kébir, nous remontions à bord de la corvette.

Le lendemain, au lever de l'aurore, le navire appareilla, et, quittant la baie de Tanger, il se disposa à passer le détroit.

Nous saluâmes au passage *Algésiras*, *Gibraltar*, et le *Lavoisier*, doublant rapidement la pointe d'Europe, nous courûmes sur Melilla, cette autre colonie espagnole sur la terre d'Afrique.

Nous devions y relâcher quelques heures par suite de je ne sais quelle recommandation que notre consul de Gibraltar avait faite à M. de Brignac.

Au reste, le motif de la relâche m'importait peu. Je ne songeai qu'à la facilité qui m'était donnée de visiter une ville nouvelle.

Melilla appartient à l'Espagne depuis 1496, époque où la ville fut prise par le duc de Medina-Sidonia.

Elle a été souvent en butte aux attaques des Marocains, notamment en 1563 et en 1774.

La dernière fois, elle fut assiégée par l'empereur Sidi-Mohammed-ben-Abdallah.

Le préside espagnol de Melilla renferme aujourd'hui environ deux mille habitants. C'est le Ryssadinium des Romains, près du cap de Ras-ed-dir (*tres forcas* des Espagnols).

Suivant Léon l'Africain, le port de Melilla était jadis célèbre pour la pêche des huîtres aux perles.

C'est la contrée au sud-est de Mélilla, connue sous les noms de Garet ou R'aret, qui a si souvent servi de refuge à Abd-el-Kader.

On y trouve le village d'Ouchda qui renferme environ cinq cents habitants.

Les maisons, construites en terre, sont petites et si basses qu'on peut à peine y rester debout.

Une source assez abondante qui jaillit à une demi-lieue d'Ouchda, donne une eau très-bonne : elle arrose les jardins ou vergers qui entourent le village.

C'est sur toute cette côte depuis Melilla jusqu'à Tanger que s'embarquaient jadis ces fameux pirates barbaresques qui ont si longtemps désolé la Méditerranée.

En quittant Melilla, c'était vers les premières heures de la soirée, nous fûmes subitement assaillis par une forte brise d'est contre laquelle le *Lavoisier* eut tout d'abord à lutter péniblement.

Bientôt le vent augmenta de fureur, et en peu d'heures un grain des plus rudes s'abattit sur nous. La nuit fut affreuse.

La mer rendue plus mauvaise encore par la proximité des terres et par le voisinage du détroit que nous venions de quitter, s'élevait en vagues effrayantes qui venaient se ruer sur notre pauvre corvette.

Le roulis était tellement violent, qu'il fallut renoncer aux lits fixés à la muraille, et nous dûmes avoir recours aux *cadres* ou hamacs d'officiers.

Le matin au point du jour, une brume épaisse nous enveloppait de toutes parts, et l'avant de la corvette disparaissait par moment tout entier dans les flots.

Les vagues balayaient le pont dans toute son

étendue, et le vent sifflait dans la mâture et dans les agrès avec des mugissements étourdissants.

Dans mon inexpérience des grands événements maritimes, je croyais à une effroyable tempête et déjà, je l'avoue, je commençais à rêver radeaux et naufrages, je songeais à la Méduse et aux aventures de Robinson Crusoé, lorsque mes amis, les marins, m'assurèrent en souriant que ce que je prenais pour une tempête n'était en réalité qu'un grain légèrement carabiné, il est vrai, mais qui n'aurait d'autre inconvénient que celui de retarder notre route.

Décidément, les approches de Nemours ne nous étaient pas favorables, car au départ déjà nous avions été rudement secoués dans ces mêmes parages.

Cependant, le vent augmentant toujours de rage et de furie, et soufflant *debout* comme disaient les matelots, c'est-à-dire arrivant en sens diamétralement opposé à la route que nous suivions, le tangage redoublait de violence.

Parfois la corvette enlevée par la mer, qui la prenait sous son taille-lame, se dressait comme un cheval qui se cabre et plongeait dans les flots son couronnement tout entier. Puis la lame passait, laissant derrière elle une vallée profonde, et sa crête faisant levier à l'arrière, par un mouvement contraire au précédent, le *Lavoisier* glissait sur la pente liquide, enfouissant son beaupré et sa poulaine dans un nuage d'écume.

Les secousses étaient si énergiques que pour faciliter les manœuvres, il avait fallu tendre de l'avant à l'arrière, dans toute la longueur du bâtiment, des cordes sur lesquelles s'appuyaient les matelots pour se maintenir en équilibre ou, pour parler leur langage, sur lesquelles ils se *pomoyaient*.

En dépit des affirmations tranquillisantes de Jobert et de Castellane, je regardais avec un intérêt mêlé d'un peu d'inquiétude le commandant du *Lavoisier*, M. de Brignac, qui, replié sur lui-même à la hauteur de la roue du gouvernail, paraissait examiner son navire avec une attention scrupuleuse.

N'osant pas le distraire, je m'approchai d'Ollivier.

« Que diable fait donc le commandant ? lui demandai-je.

— Il regarde si la corvette ne fatigue pas trop au vent, » me répondit-il.

En effet, dans les navires à vapeur, le poids énorme de la machine se trouvant au centre est presque toujours un nouveau danger ajouté à ceux de la navigation.

Chaque fois surtout que le vent est debout, que la mer se rue sur l'avant d'un bâtiment, que la vague l'enlève, la charge de la machine offre une résistance sérieuse, laquelle peut, à la longue, entraîner la dislocation complète du navire.

Cette dislocation est chose rare, il faut le dire. Mais sans la prudence des officiers, une telle catastrophe ne se renouvellerait que trop souvent.

« Tenez ! ajouta Ollivier en achevant de me donner cette explication, faites comme Castellane, et vous vous rendrez mieux compte de ce que je vous dis. »

Je me retournai et j'aperçus effectivement Castellane couché à plat ventre sur le pont et paraissant communiquer au commandant les observations qu'il faisait dans cette position étrange.

Tout en ne pouvant m'empêcher de rire, j'allai m'étendre tout au long côte à côte avec lui, et, comme lui je regardai attentivement le pont de la corvette.

Je compris aussitôt l'importance de l'étude à laquelle il se livrait.

A chaque coup de mer nous prenant de l'avant, la corvette souffrait sensiblement au centre, c'est-à-dire que l'endroit où siégeait la machine demeurait ferme, mais que le pont se courbait du tuyau à la poulaine comme un frêle morceau de bois maintenu solidement à son centre et sur l'extrémité duquel on appuierait fortement.

Pendant ce temps, Jobert faisait jeter le loch pour se rendre compte du degré de notre marche.

Loin d'avancer, bien que nous chauffions à toute vapeur, nous reculions devant le vent.

Le temps était même devenu si mauvais, que l'on fut obligé de mettre deux hommes à la roue du gouvernail pour pouvoir résister aux coups de mer.

Décidément le petit grain tournait à la tempête. M. de Brignac s'élança sur la passerelle en compagnie de Castellane, et aussitôt un charivari infernal eut lieu sur le pont.

Tout d'abord je ne distinguai pas grand chose au milieu de cette confusion de matelots courant, grimpant de tous côtés, criant, jurant sur tous les tons; mais les sifflets des maîtres retentirent et le calme se fit comme par enchantement.

La corvette, obéissant aux ordres du commandant, s'inclina légèrement à gauche; les voiles, carguées jusqu'alors, furent larguées lestement, et au lieu de suivre notre route en ligne droite nous nous élançâmes brusquement au nord.

M. de Brignac, pour ne pas fatiguer son navire ni brûler inutilement son charbon, venait de donner l'ordre de maintenir autant que possible la hauteur de la route parcourue en courant des bordées.

En terme de marine, nous étions à la cape, situation fort peu agréable qui consiste à orienter au plus près, à mettre la barre sous le vent, à ne plus avancer, à présenter constamment le travers à la vague, et qui signifie en trois mots: reculer en travers.

« Les journées passées à la cape, a dit un officier de marine devenu homme de lettres, sont à peu près rayées de l'existence. »

On mange mal, on dort mal, quand on est à la cape, l'on ne fait plus la cuisine à bord, les hamacs ne sont plus bercés par le roulis, mais secoués par le tangage, les cadres font des soubresauts insupportables; dans les couchettes fixes on est à la torture.

Aussi être à la cape est devenu dans le langage figuré des marins une expression synonime de toutes les sortes de misères.

« Plus un morceau de biscuit à se mettre sous la dent, plus de souliers, plus de chemises, rien ! Quel coup de cape ! » dit un matelot passé à l'état de *rafalé*.

« Il tangue à la lame et dérive en travers! » ajoute un autre pour compléter la pensée.

Et ce que l'on embarque de vagues, de paquets de de mer lorsqu'on est à la cape! Il faut avoir passé par cette situation pénible pour le savoir ! on nage entre deux eaux.

Ajoutez à cela que la journée, partagée en tant de bordées, est divisée en tant d'heures se passant à être couché sur le flanc gauche, et tant d'heures sur le flanc droit.

La situation verticale est impossible durant l'allure à la cape : à peine celle horizontale est-elle praticable.

On doit comprendre dès lors toutes les difficultés d'un repas à prendre lorsque l'on est à la cape. Joignez à cela que les secousses de la mer creusent l'estomac d'une manière effrayante.

Quand l'heure du dîner vint à être piquée, nous nous précipitâmes vers le carré avec des cris de joie frénétiques.

Ici commence une série d'accidents burlesques dont le souvenir me fait encore rire.

La table à roulis était dressée, solidement amarrée

au centre et garnie de ces innombrables chevilles dont j'ai parlé précédemment.

La corvette était alors couchée sur tribord. En nous plaçant tant bien que mal sur nos chaises, en nous accrochant à la table, les uns étaient donc, en raison du plan entièrement incliné, placés beaucoup plus bas que les autres.

Un mousse apporta le potage après des efforts dignes d'éloges pour maintenir la soupière en équilibre.

Comme il faisait une chaleur assez forte, les chassis donnant de l'air dans le carré étaient ouverts au-dessus de nos têtes et par conséquent au-dessus de notre table.

Nous étions affamés, je le répète, et d'autant plus affamés même que les manœuvres avaient retardé notre repas de plus d'une heure et demie.

La venue du potage fut donc accueillie avec un empressement manifeste.

Jobert se souleva sur son siége, enfonça la cuiller dans le bouillon fumant et parfumé....

Déjà il s'apprêtait à transvaser le liquide dans une assiette lorsqu'une énorme vague roulant sur le *Lavoisier*, grimpe sur ses bordages et passe sur son pont en le noyant d'un déluge d'eau salée.

Un cri de désespoir s'échappa de toutes les bouches. La vague avait envoyé un paquet d'eau sur notre table et avait rempli la soupière au point de la faire déborder.

— Fermez les chassis! cria Castellane.

— Et emportez la soupe! ajouta tristement Jobert.

— Heureusement dit Ollivier pour nous consoler, qu'il y a un rosbeaf magnifique.

Les chassis fermés et nous trouvant ainsi désormais à l'abri des injures de la mer, le rosbeaf fut apporté.

Jobert, toujours en sa qualité de chef de table, qualité que lui conférait son grade, Jobert saisit un couteau et le plonge dans la viande saignante... autre malheur!

Une seconde vague plus formidable encore que la première vient se briser sur la corvette. La secousse est telle qu'aucun de nous n'y peut résister.

Me trouvant sur le bas côté, je suis enlevé avec ma chaise et je vais rouler dans une cabine placée derrière moi.

Castellane qui se trouvait placé en face vient me rejoindre en passant par-dessus la table, Jobert est lancé à gauche, le chirurgien à droite et sans les chevilles protectrices toute la porcelaine et la verrerie s'en fussent allées rouler sur nous.

Mais rien ne retenait le rosbeaf dans son plat, et le rôti, objet de notre attention et de notre amour, gisait dans un coin roulant sur lui-même à chaque nouveau mouvement du navire.

Cette fois un fou rire s'empara de nous tous et l'appétit contrarié céda le pas à la gaîté la plus vive.

On ramassa le rosbeaf, on l'essuya, on le dégagea d'une certaine couche de poussière qu'il avait ramassée dans sa chute et bien que l'eau de mer, lancée par la première vague et qui noyait la table, lui eût donné un goût étrange on le trouva excellent.

Je fais grâce aux lecteurs des autres péripéties qui accompagnèrent ce repas mémorable.

Le lendemain et le surlendemain la mer ne se calma pas; le vent soufflait toujours à l'est, il fallut continuer à demeurer à la cape.

Le deuxième jour, Castellane après une longue conférence avec le maître coq du bord, vint nous annoncer tristement que toutes les provisions fraîches étant épuisées (on en embarquait peu à la fois comptant sur des relâches presque quotidiennes), il nous allait falloir doubler le cap Fayot et mettre un morceau de lard à la traîne.

C'était nous apprendre que nous en étions désormais réduits pour toute nourriture aux haricots secs et au lard salé.

Nous supportâmes cette nouvelle désastreuse avec un stoïcisme parfait et dont aujourd'hui je suis fier.

Le troisième jour heureusement le temps redevenait superbe, le vent sautait au nord, et bien que la mer fût encore assez houleuse, nous pûmes reprendre notre route.

Le surlendemain nous jetions l'ancre à Mers-el-Kebir, et je retournais à Oran en compagnie de mon ami le marquis de Ploeuk, inspecteur des finances en tournée, et que nous avions pris à Nemours.

FIN.

TABLE.

Chap. I. Un carrosse espagnol	1
II. Le Lavoisier	13
III. Les Beni-Mouffetards	25
IV. Un Vieil Africain	35
V. Les Souvenirs d'un Zouave	49
VI. Sidi Brahim	61
VII. Gibraltar	75
VIII. Mistress Bags la cuisinière	91
IX. Isaac Lazare	105
X. Esther	123
XI. La Flotte	135
XII. Owen	143
XIII. Le Duel	151
XIV. Le Bombardement	161
XV. Monsieur Bags	175
XVI. Owen	187
XVII. La Cassette	195
XVIII. Le Rocher	211

XIX. L'Angleterre en Espagne.	227
XX. Algésiras......................	245
XXI. Une journée en Andalousie...............	265
XXII. Tanger...........................	285
XXIII. David............................	307
XXIV. Les Présidarios...............	419
XXV. Tétouan et Mellila.............	235

FIN DE LA TABLE.

Sceaux, imprimerie de E. Dépée.

Alexandre Cadot, éditeur, 37, rue Serpente.

COLLECTION A 1 FRANC

PREMIÈRE SÉRIE. — FORMAT IN-16.

XAVIER DE MONTÉPIN.

Les Viveurs de Paris.
    1re Série. Le roi de la mode.......... 1 vol.
    2e — Club des hirondelles....... 1 vol.
    3e — Les fils de famille........ 1 vol.
    4e — Le fil d'Ariane.......... 1 vol.

Les Chevaliers du Lansquenet.
    1re Série. Le loup et l'agneau........ 1 vol.
    2e — Perdrita............. 1 vol.
    3e — Danae .... 1 vol.
    4e — Courtisane et duchesse..... 1 vol.
    5e — et dernière, Frère et soeur.... 1 vol.

Les Pécheresses. Pivoine et mignonne.... 2 vol.

Les Amours d'un fou............ 1 vol.

Geneviève Galliot............. 1 vol.

PAUL DUPLESSIS.

Les Boucaniers.
    1re Série. LE CHEVALIER DE MORVAN. . . . . 1 vol.
    2e — NATIVA. . . . . 1 vol.
    3e — MONTBARS. . . . . 1 vol.
    4e — et dernière. LE BEAU LAURENT. . . 1 vol.
La Sonora. . . . . 2 vol.

MARQUIS DE FOUDRAS.

Les Gentilshommes chasseurs. . . . . 1 vol.
La comtesse Alvinzi. . . . . 1 vol.
Madame de Miremont. . . . . 1 vol.

A. DE GONDRECOURT.

Le dernier des Kerven. . . . . 2 vol.
Médine. . . . . 2 vol.

ÉLIE BERTHET.

Antonia. . . . . 1 vol.
Le Nid de Cigognes. . . . . 1 vol.
L'Étang de Précigny. . . . . 1 vol.

ALEXANDRE DE LAVERGNE.

La Recherche de l'Inconnue. . . . . . . 1 vol.
Le comte de Mansfeld. . . . . 1 vol.

HENRI DE KOCK.

La Tribu des Gêneurs. . . . . 1 vol.
Brin d'amour. . . . . 1 vol.
Minette . . . . 1 vol.

DIVERS.

Sophie Printemps, par Alexandre Dumas, fils. 1 vol.

Une vieille Maîtresse, par Barbey d'Aure-
villy. 1 vol.

Le Mendiant noir, par Paul Féval. . . . . 1 vol.

Contes d'un Marin, par G. de Lalandelle. . 1 vol.

La Succession Lecamus, par Champfleury. 1 vol.

Chasses et pêches de l'autre monde, par
Bénédict Révoil. . . . . 1 vol.

Rachel, par Léon Beauvallet. . . . . 1 vol.

Léandres et Isabelles, par Adrien Robert. 1 vol.

Les Inutiles, par Angelo de Sorr. . . . . . 1 vol.

Six mois à Eupatoria, par Léopold Pallu. 1 vol.

Une Famille Parisienne, par madame An-
celot . . . . 1 vol.

Une histoire de soldat, par madame Louise
Colet . . . . 1 vol.

Simples Récits, par Charles Deslys . . . . 1 vol.

DEUXIÈME SÉRIE, FORMAT IN-18 CHARPENTIER.

Xavier de Montépin. — La Sirène . . . . . 1 vol.
— Brelan de Dames . . 1 vol.
A. de Gondrecourt. — Les Péchés mignons . . 2 vol.
— Le Bout de l'oreille.
    1re Série. La Galoppe . . . . . 1 vol.
    2e — La Marquise de Trèbes. 1 vol.
    3e — Pierre Leborgne . . . 1 vol.
Alex. Dumas fils. — Tristan le Roux . . . . 1 vol.
Marquis de Foudras. — Jacques de Brancion . . . . 2 vol.
Paul Féval. — Les Couteaux d'or . . . . 1 vol.
Louis Beaufils. — Les Secrets du Hasard . . . 1 vol.
Adrien Robert. — Jean qui pleure et Jean qui rit . . . . 1 vol.

LE BATTEUR D'ESTRADE, par Paul Duplessis, 2 gros vol. in-18 . . . . 6 fr.

Lagny. — Typographie de A. Varigault et Cie.

www.ingramcontent.com/pod-product-compliance
Lightning Source LLC
Chambersburg PA
CBHW070856170426
43202CB00012B/2092